Die Erfindungen von Leonardo da Vinci

Als Erfinder war Leonardo ein außerordentliches Genie. Obwohl er vor über 450 Jahren lebte, sah er ein hochtechnisiertes Zeitalter anbrechen; er füllte seine Skizzenbücher mit Tausenden von Zeichnungen neuer Maschinen und Kriegsgeräte, von denen viele die Ingenieurtechniken des 20. Jahrhunderts vorwegnehmen. Er schuf Entwürfe für Panzerwagen, Dampfkanonen, Wurfgeschosse, Flugmaschinen, Fallschirme, Helikopter, Tauchausrüstungen, Wasserturbinen, Drehkräne, Hebewerke und Zahnradgetriebe. Jede seiner Erfindungen ist ein unerschöpflicher Quell, der Staunen und Anregungen erweckt und Leonardos überragende Begabung offenbart wie seine ungewöhnliche Fähigkeit, Zukünftiges vorwegzunehmen.

Sachkundig geschriebene Kommentare von Charles Gibbs-Smith und Gareth Rees, der zahlreiche Bildlegenden verfaßte, vermitteln ein tiefergehendes Verständnis der Erkenntnisse, die den Erfindungen zugrunde liegen. Der anschaulich und mitreißend geschriebene Text macht dieses Buch zu einem idealen Nachschlagewerk für den an Technik interessierten Historiker oder künftigen Erfinder. Das Buch enthält außerdem einige wunderschöne Naturstudien Leonardos.

Die Erfindungen von Leonardo da Vinci

Charles Gibbs-Smith

Erster Lindbergh-Professor für Geschichte der Luftfahrt,
Museum für Luft- und Raumfahrttechnik (Smithsonian Institution),
unter Mitarbeit von

Gareth Rees

Belser Verlag Stuttgart · Zürich

Aus dem Englischen übertragen von Helga Jerratsch

Die englische Ausgabe erschien im Verlag Phaidon Press Ltd. Oxford
unter dem Titel ›The Inventions of Leonardo da Vinci‹.
© 1978 by Phaidon Press Limited.
© 1978 by Belser AG für Verlagsgeschäfte & Co. KG,
Stuttgart und Zürich für die deutschsprachige Ausgabe.
Alle Rechte vorbehalten.
Satz: Fotosatz Schönthaler, Ludwigsburg
Printed in Great Britain
ISBN 3-7630-1680-5

INHALT

EINLEITUNG

Leonardo da Vinci (1452–1519) zählt zu den größten Männern der abendländischen Kulturgeschichte. Es ist nicht allein die große Vielfältigkeit, die sein Leben auszeichnet – er war Künstler, Architekt, Musiker, Wissenschaftler, Geologe, Physiker, Zeichner –, sondern die weit über seine Zeit hinausweisenden Einsichten und seine einzigartige Begabung. Wie kein Mensch vor oder nach ihm war er befähigt, die gegensätzlichen Welten von Kunst und Wissenschaft zu begreifen und auf jedem Gebiet, dem er sich widmete, zu neuen Erkenntnissen zu gelangen: von Radschiffen bis hin zu Flugmaschinen.

Leonardo war der uneheliche Sohn eines Florentiner Notars. Er wurde in Vinci, einem Dorf bei Empoli, geboren, das zum Herrschaftsbereich von Florenz gehörte und der Familie später den Namen gab. Da sich sein Zeichentalent schon früh erkennen ließ, wurde Leonardo zu Andrea del Verrocchio, einem berühmten Maler und Goldschmied, in die Lehre gegeben. Verrocchio war als Bildhauer wie als Maler tätig, und in seiner Werkstatt wird Leonardo sich die Fertigkeit erworben haben, die für den zukünftigen Erfinder von Geschützen überaus wichtig war: die Technik des Bronzegusses. Von etwa 1470 bis gegen 1477 oder danach arbeitete er bei seinem Meister, da er 1478 und 1481 bedeutende eigene Aufträge erhielt; auch Lorenzo de Medici, genannt ›Il Magnifico‹, war bis 1482 sein Mäzen.

Bald darauf übersiedelte Leonardo nach Mailand und trat in die Dienste von Lodovico Sforza ein, der es ermöglichte, daß sich das wissenschaftliche und technische Genie Leonardos zu voller Blüte entwickeln konnte. Nachstehend jener berühmt gewordene Entwurf seines Briefes an Lodovico (Il Moro), in dem er ihn um eine Anstellung ersucht:

›Erlauchter Gebieter! Da ich die Proben aller derer, die sich für Meister und Hersteller von Kriegsgeräten ausgeben, nun zur Genüge untersucht und dabei erkannt habe, daß die Erfindungen und Anwendungen der genannten Geräte durchaus nicht ungebräuchlich sind, so will ich mich denn, ohne irgendeinen andern herabzusetzen, um eine Verständigung mit Ew. Hoheit bemühen, indem ich Ihnen meine Geheimnisse offenbare und sie Ihnen ganz zur Verfügung stelle, um zu gegebener Zeit alle die Dinge auszuführen, die hier unten in Kürze aufgezählt werden:

1. Ich habe Pläne für sehr leichte, aber dabei starke Brücken, die sich ganz leicht befördern lassen und mit denen man den Feind verfolgen und jederzeit auch fliehen kann, und solche für andere, feste Brücken, die weder durch Feuer noch im Kampf zerstört und leicht und bequem abgebrochen und errichtet werden können, und auch Verfahren, um die des Feindes zu verbrennen und zu zerstören.

2. Ich kann bei der Belagerung eines Platzes das Wasser aus den Gräben ableiten und zahlreiche Brücken, Schutzdächer, Sturmleitern und andere zu einem solchen Unternehmen gehörende Geräte machen...

3. Wenn bei der Belagerung eines Platzes, sei es wegen der Höhe der Böschung oder wegen seiner starken Befestigung oder seiner Lage, Bombarden nicht zur Anwendung gebracht werden können, verfüge ich über Mittel, jedes Kastell oder andere Bollwerk zu zerstören, selbst wenn es auf Felsen errichtet wurde.

4. Ferner habe ich Pläne für Bombarden, die sich sehr bequem und leicht befördern lassen, mit denen man kleine Steine schleudern kann, fast so, als ob es hagle, und deren Rauch dem Feind gewaltigen Schrecken einjagt, sehr zu seinem Schaden und seiner Verwirrung.

5. Ferner habe ich Pläne für Stollen und gewundene Geheimgänge, die ohne jedes Geräusch angelegt werden, so daß man bis zu einem bestimmten Ort gelangen kann, auch wenn man unter den Gräben oder irgendeinem Fluß durchdringen muß.

6. Ferner werde ich sichere und unangreifbare gedeckte Wagen bauen, die mit ihren Geschützen durch die Reihen des Feindes fahren und jeden noch so großen Haufen von Bewaffneten zersprengen werden. Hinter ihnen können die Fußsoldaten fast unangefochten und völlig ungestört folgen.

7. Ferner werde ich, wenn nötig, Bombarden, Mörser und Pasvolanten von sehr schöner und zweckmäßiger Form machen, wie sie nicht allgemein gebräuchlich sind.

8. Wo die Wirkung der Bombarden versagt, da werde

ich Katapulte, Wurf- und Schleudermaschinen *(briccole, mangani, trabucchi)* und andere ungebräuchliche Geräte von wunderbarer Wirksamkeit herstellen. Kurzum, ich werde je nach den verschiedenen Umständen allerlei verschiedene Angriffs- und Verteidigungsmaschinen bauen.

9. Sollte es auf dem Meer zum Kampf kommen, so habe ich Pläne für viele Geräte, die für den Angriff und die Verteidigung besonders geeignet sind, und solche für Schiffe, die selbst der Beschießung mit den allergrößten Bombarden widerstehen werden, und solche für Pulver und Rauch.

10. In Friedenszeiten kann ich mich wohl mit jedem andern in der Baukunst messen, sei's bei der Errichtung öffentlicher und privater Gebäude oder bei der Leitung des Wassers von einem Ort zu einem andern.

Ferner werde ich bei der Bearbeitung von Marmor, Erz und Ton sowie in der Malerei wohl etwas leisten, was sich vor jedem andern, wer immer es auch sei, sehen lassen kann.

Übrigens könnte man auch an dem Bronzepferd arbeiten, das dem seligen Andenken Ihres Herrn Vaters zu unsterblichem Ruhm und dem Hause Sforza zu ewiger Ehre gereichen wird.

Und wenn irgendeine der obengenannten Sachen jemand unmöglich oder unausführbar erscheinen sollte, so bin ich durchaus bereit zu einer Vorführung in Ihrem Park oder wo Ew. Hoheit wollen. Ich empfehle mich Ihnen untertänigst ...‹

Dieser Brief mag dem heutigen Leser selbstgefällig, ja prahlerisch erscheinen; nach den Vorstellungen jener Zeit war er keins von beiden. Leonardo führte lediglich aus, was er konnte und zu bauen imstande war. Es ist nicht bekannt, was er davon vorzuführen hatte; er blieb aber von 1483 bis 1499 in Sforzas Diensten. In dieser Zeit sind viele seiner erhaltenen Zeichnungen von den verschiedenen Kunstformen und Techniken entstanden.

Im Jahre 1500 ging Leonardo nach Venedig, und 1502 begann er im Dienste Cesare Borgias, Herzog der Romagna, als Architekt und Generalingenieur zu arbeiten, in dessen Begleitung er viele Orte in Italien besuchte. In dieser Zeit begann er als Kartograph zu arbeiten; er zeichnete Karten von Städten und Landschaften, deren berühmteste wohl die von Imola ist. Im März 1503 war er wieder in Florenz, wo er sich bis 1506 aufhielt, wiederum als Militäringenieur tätig. In diese Zeit fallen seine Pläne, Florenz durch einen schiffbaren Kanal mit dem Meer zu verbinden, und die Festungsanlage für Piombino. Im Mai 1507 nahm Ludwig XII. von Frankreich, der Mailand erobert hatte, Leonardo in seine Dienste. 1513 zog er nach Rom, doch nach der Begegnung mit Franz I., der Ludwig XII. auf dem Thron gefolgt war, entschloß er sich 1515 zur Übersiedlung nach Frankreich, um auf Schloß Cloux (bei Amboise) zu leben, geachtet und in gesicherter Existenz. Er starb dort am 2. Mai 1519.

Es mag heute seltsam erscheinen, daß Leonardo so häufig den Dienstherrn wechselte. Zwischen 1490 und

1507 stand er bei fünf verschiedenen Herren als Militäringenieur in Diensten, reiste von Florenz nach Mailand, zurück nach Florenz und dann nach Venedig, Piombino, Imola und Pisa, ehe er nach Florenz und Mailand zurückkehrte, um sich zu seiner letzten Reise nach Frankreich einzuschiffen. Diese unablässige Reisetätigkeit war teilweise durch die kriegerischen Auseinandersetzungen bedingt, in die Mittelitalien verwickelt war. Bildhauer und Architekten wurden dringend gebraucht, aber nicht wegen ihrer künstlerischen Fertigkeiten, sondern wegen ihres technischen Wissens. Nicht zufällig nennt Leonardo in seinem Empfehlungsschreiben an Lodovico Sforza 31 Fertigkeiten rein technischer Art und nur sechs, die sich auf sein Können in Malerei, Bildhauerkunst und Architektur beziehen. Einem Staatsoberhaupt konnte er durch seine Fähigkeiten als Ingenieur bessere Dienste erweisen denn als Künstler.

Als Wissenschaftler entwickelte Leonardo Gedanken, die in ihrer Kühnheit und Phantasie einzigartig sind. Am interessantesten sind seine Vorschläge für neue Waffen und neue Anwendungsmöglichkeiten von Maschinen. Sein ungestümer Wissensdrang ließ ihn zu vielen merkwürdigen Schlüssen und außerordentlichen Erfindungen kommen.

Leonardos Zeichnungen neuer, schrecklicher Kampfmittel offenbaren vielleicht am besten seinen großen Erfindungsreichtum und sind Zeichen der Zeit, in der er lebte: eine Übergangszeit von Armbrustschützen und berittenen Truppen zu Füsilieren und Kanonieren. Das Ausmaß seiner Erfindungen ist atemberaubend; er ersann Kanonenkugeln mit Schrapnelladung, Raketen, Wurfgeschosse, Hinterladekanonen, Schnellfeuergeschütze, Dampfkanonen, Kanonen mit mehreren Rohren, zahlreiche Schleudermaschinen, Leitern zur Mauererstürmung und Schiffsbrücken. Seine Phantasie sprühte von Einfällen, die zu Hunderten skizziert, verworfen und neu durchdacht wurden. Nicht selten waren seine Entwürfe völlig undurchführbar, aber das hemmte seine Phantasie nicht. Sie war der treibende Motor, und das allein war entscheidend. Seine Vorstellungen, die seinen Zeitgenossen utopisch erschienen sein müssen, ließen sich erst mit fortschreitender Technisierung in neuerer Zeit verwirklichen.

Sein erfinderischer Geist beschäftigte sich auch mit Entwürfen für mechanische Vorrichtungen aller möglichen Arbeiten. Seinen Forschungen lag das Verlangen zugrunde, Maschinen zu ersinnen, welche die Arbeitsprozesse der damaligen Zeit vereinfachen und beschleunigen sollten. Um dieses Ziel zu erreichen, wandte er miteinander verknüpfte Mechanismen an, d. h. er versuchte, mechanisch angetriebene Maschinen zu entwickeln; hierin ein Vorläufer des modernen Menschen mit seiner Suche nach arbeitsparenden Maschinen und ihrer besseren Nutzung. Man kann nur vermuten, warum Leonardo arbeitsparende Maschinen so wichtig waren, denn er lebte weder in einer Sklavenhaltergesellschaft, die keinerlei Anreiz bot, Maschinen zu entwickeln, die über einfache Geräte hinausgingen, da Arbeitskräfte reichlich und billig vorhanden waren, noch lebte er in einer Industriegesellschaft, in der bei kostenintensiven technischen Geräten bereits geringe Abweichungen über Gewinn oder Insolvenz entscheiden.

Während dem Techniker heute Energiequellen wie Gas, Strom oder der Verbrennungsmotor zur Verfügung stehen, machte Leonardo das Fehlen einer solchen Kraftquelle ständig zu schaffen. Deshalb suchte er nach immer neuen Möglichkeiten, Hin- und Herbewegung in eine Drehbewegung umzusetzen, das wesentliche Element aller Maschinen. Zu diesem Zweck experimentierte er mit Zahngesperre, Getrieben, Nocken, Flaschenzügen, Kurbeln, Gestänge sowie Zahnstangen und Zahnrädern; bediente sich der Wind- und Muskelkraft, des Federantriebs und des Schwungrades.

Auch auf anderen Gebieten leistete er Erstaunliches. Er widmete sich dem Studium der Kartographie, Anatomie, Geometrie, Horologie (entwarf auch Perpendikeluhren) und der Musik (unter seinen Skizzen findet sich eine Glocke mit zwei Klöppeln und mehreren Dämpfern, eine Sackpfeife mit drei Tonlagen und eine tragbare Orgel). Er entdeckte, was später zum Lehrsatz der Hydrologie wurde; im *Codex Madrid I* notierte er, daß Kraftwirkung von Lage und Bewegung abhängig sei, unterschied somit zwischen potentieller und kinetischer Energie. Er beschäftigte sich auch mit der Kräfteverteilung, besonders im Zusammenhang mit der Bogenkonstruktion. Sein erfinderischer Geist brachte in nahezu jedem Sachgebiet Neues hervor, das er mit seiner Künstlerhand ins Bild umsetzte.

Mentalität und Charakter Leonardos haben sein Lebenswerk entscheidend geprägt. Es fiel ihm schwer, ein Bild zu vollenden, deshalb zählen die ihm zugeschriebenen Gemälde kaum mehr als ein Dutzend. In seinen Notizbüchern und auf Skizzenblättern war sein schöpferischer Geist jedoch in seinem Element, skizzierte seine geschickte Hand Einfälle zu Hunderten, finden sich nicht selten seine am sorgfältigsten gezeichneten Darstellungen von Gedanken und Beobachtungen. In seinen Skizzenblättern unterlag er nicht dem Zwang zu vollendeter künstlerischer Aussage wie bei den in Auftrag gegebenen Gemälden: hier konnte er zu Bleistift oder Kreide greifen, um, je nach Laune oder Vorsatz, die detaillierteste Zeichnung oder die flüchtigste Skizze aufs Papier zu werfen, gleichgültig ob es sich bei den Sujets um Menschen oder Maschinen handelte.

Man hat Leonardo die ursprüngliche Erfindung zahlreicher wissenschaftlicher und technischer Hilfsmittel zugeschrieben. Inzwischen ist allerdings erwiesen, daß viele seiner Entwürfe eher Verbesserungen oder Erweiterungen bereits vorhandener Erfindungen darstellen, obwohl auch einige Erfindungen direkt auf ihn zurückgehen. Einige seiner Gedanken sind genial in der Konzeption, andere in der Art und Weise, nach denen er eine Erfindung ›durchdachte‹, und es kommt häufig genug vor, daß er zwei oder drei verschiedene Aspekte eines ihn beschäftigenden Problems aufzeigt.

Leider haben seine Leistungen im Flugwesen vermutlich den geringsten Wert – wenngleich sich auch hier einige sogenannte ›Zukunftsvisionen‹ finden –, denn anders als seine übrigen, mehr an der Wirklichkeit orientierten Forschungen, war das Fliegen ebensosehr Symbol für die befreite menschliche Seele wie eine technisch völlig durchdachte Ideenkette: einige seiner Flugmaschinen sind vorstellbar, ganz wenige denkbar, doch die meisten völlig utopisch und jenseits alles Möglichen. Doch das ist ein geringer Tribut, der für geistige Überlegenheit in Konzeption und Ausführung auf anderen Gebieten zu entrichten ist. Nur wenige seiner Vorschläge scheinen wirklich realisiert und nutzbar gemacht worden zu sein; in den meisten sieht man den Denker, Forscher und Künstler am Werk, der gelegentlich beinahe ›achtlos hingestrichelte Entwürfe‹ zu Papier bringt, nur daß sich selbst darin noch seine außergewöhnliche technische Begabung äußert.

Leonardo hatte die Angewohnheit, seine Gedanken auf die Seiten seiner Notizbücher zu skizzieren, wie sie ihm in den Sinn kamen. Deshalb finden sich Eintragungen über Malerei oder die schuldige Miete neben Zeichnungen von Kriegsmaschinen, Pflanzen oder geometrischen Figuren. Immer wieder skizzierte er seine Gedankengänge auf Papier, untersuchte er die verschiedenen Einfälle auf ihre Möglichkeiten hin. Als Künstler konnte er seine Vorstellungen, Entwürfe, Gedankenmodelle und ihre Anwendungsmöglichkeiten viel besser mit dem Bleistift darstellen als mit Worten. Diese künstlerische Fertigkeit, gepaart mit dem modernen Interesse für Maschinenelemente, rückt sein Werk in die Nähe der technischen Zeichnungen des 20. Jahrhunderts. Tatsächlich wurde die technische Zeichnung erst mit Diderots *Encyclopédie* so klar und instruktiv.

Wie viele Leser wissen werden, verfaßte Leonardo seine Notizen in Spiegelschrift, das heißt, er schrieb von rechts nach links. Dieses merkwürdige Phänomen ist damit erklärt worden, daß er seine Schüler und andere daran hindern wollte, seine Gedanken zu lesen. Das ist natürlich Unsinn, denn man brauchte nur einen Spiegel zu nehmen und konnte seine Handschrift genauso leicht lesen wie bei der üblichen Niederschrift. Bis jetzt hat niemand eine überzeugende Erklärung für diese Umkehrschrift gefunden. Mediziner neigen zu der Ansicht, Leonardo sei zwar Rechtshänder gewesen, habe sich aber in der Kindheit die rechte Hand verletzt und deshalb mit der linken zu schreiben begonnen. Ihrem Instinkt entsprechend würden ähnlich verletzte Kinder, mit der linken Hand von rechts nach links schreiben, würde man sie nicht frühzeitig daran hindern. Dies aber ist höchstwahrscheinlich mit Leonardo geschehen.

Leider sind nur wenige seiner Schriften auf uns gekommen, und die erhaltenen Skizzenbücher sind neu gebunden, nicht mehr in ihrer ursprünglichen Anordnung, es fehlen ausgerissene Blätter, die verloren sind. Von den überkommenen Aufzeichnungen ist die größte Sammlung im *Codex Atlanticus* in der Ambrosiana in Mailand zusammengefaßt. Auch die Trivulzio-Bibliothek in Mailand besitzt eine Manuskriptensammlung. In der Turiner Bibliothek liegt die kleine Schrift über den Vogelflug. In England werden neben den vielen Zeichnungen auf Schloß Windsor der *Codex Leicester* und der *Codex Arundel* (beide Britisches Museum) und die drei Forster-Codices (Victoria and Albert Museum) aufbewahrt. Das Institut de France in Paris verfügt über die 12 Manuskripte, bezeichnet A, B, C, D, E, F, G, H, I, K, L, M. In Madrid liegen schließlich die erst vor kurzem entdeckten Handschriften *Codex Madrid I* und *Codex Madrid II*.

Als Leonardo am 2. Mai 1519 in Frankreich starb, war sein treuer Freund und Schüler Francesco Melzi zugegen. In dem kurz vor seinem Tode abgefaßten Testament hinterließ er Melzi den gesamten Bestand seiner Manuskripte. Wohl nie hat eine so rührend menschliche Geste letztlich so katastrophale Folgen gehabt.

Melzi kehrte mit seinem sagenhaften Schatz in seine Villa nach Vaprio (zwischen Mailand und Bergamo gelegen) zurück: dort hütete er ihn sorgsam und eifersüchtig über fünfzig Jahre lang, ging auf keines der Angebote ein, sich von der Sammlung zu trennen. Obwohl er wohlmeinend und loyal gewesen sein mag, kann die Nachwelt gegen Melzi nur die schwersten Vorwürfe erheben. Er unternahm nicht den geringsten Versuch, dafür zu sorgen, daß Leonardos Manuskripte nach seinem Tod in verläßliche Hände kamen. Melzi wußte nur zu gut, daß sein Sohn Orazio keinerlei Interesse an Kunst und Wissenschaft hatte, dennoch bestimmte er in seinem Testament ausdrücklich diesen erbärmlichen Mann zum Erben aller Manuskripte. Orazio Melzi war es völlig gleichgültig, was mit dieser unschätzbaren Dokumentensammlung geschah. Er gestattete den verschiedenen Leuten, die vor Ort erschienen, zu nehmen, was immer sie wollten. Er ließ es zu, daß Leonardos Schriften zerstreut wurden; Beschädigungen, Verluste und mutwillige Zerstörung waren die Folge. Daß ein großer Teil des Materials überhaupt erhalten blieb, ist der Fürsorge vieler ihm wohlgesinnter Menschen über die Jahrhunderte hinweg zu danken. Orazio trifft die unmittelbare Schuld, doch der eigentlich Schuldige ist der alte Francesco Melzi. Er verdiente das große Vertrauen nicht, das Leonardo in ihn setzte, als er seinem unwürdigen Sohn Orazio diese Sammlung hinterließ.

Alles in allem war Leonardo eine geistige und künstlerische Größe, die in der Geschichte ihresgleichen sucht. Zahlreiche Männer und Frauen, die von seinem Genie ›ergriffen‹ wurden, haben Jahre ihres Lebens dem Studium der Gemälde, Zeichnungen, Skizzen und achtlos hingestrichelten Entwürfe dieses außerordentlichen Menschen gewidmet. Je länger man die vielen tausend Zeichnungen durchforscht, desto mehr fragt man sich, welche geheimnisvollen schöpferischen Kräfte zusammengewirkt haben mögen, um in jenem Augenblick der Weltgeschichte dieses einsame Genie unter Sterblichen hervorzubringen.

Mit diesem kleinen Buch soll in erster Linie die Neugier des Lesers geweckt und nicht so sehr ausführliche Erläuterungen vermittelt werden. Die Illustrationen wurden unter dem Gesichtspunkt ausgewählt, die außerordentliche Spannweite der Themen zu veranschaulichen, die Leonardos genialer Geist durchforschte. Der Leser wird gebeten, die Zahl der verschiedenen Maschinen und Vorschläge zu verzehnfachen, um eine ungefähre Vorstellung vom Ideenreichtum dieses ungewöhnlichen Renaissance-Menschen zu bekommen.

Flugwesen

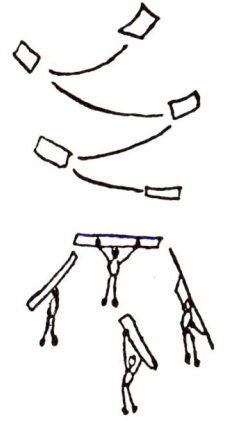

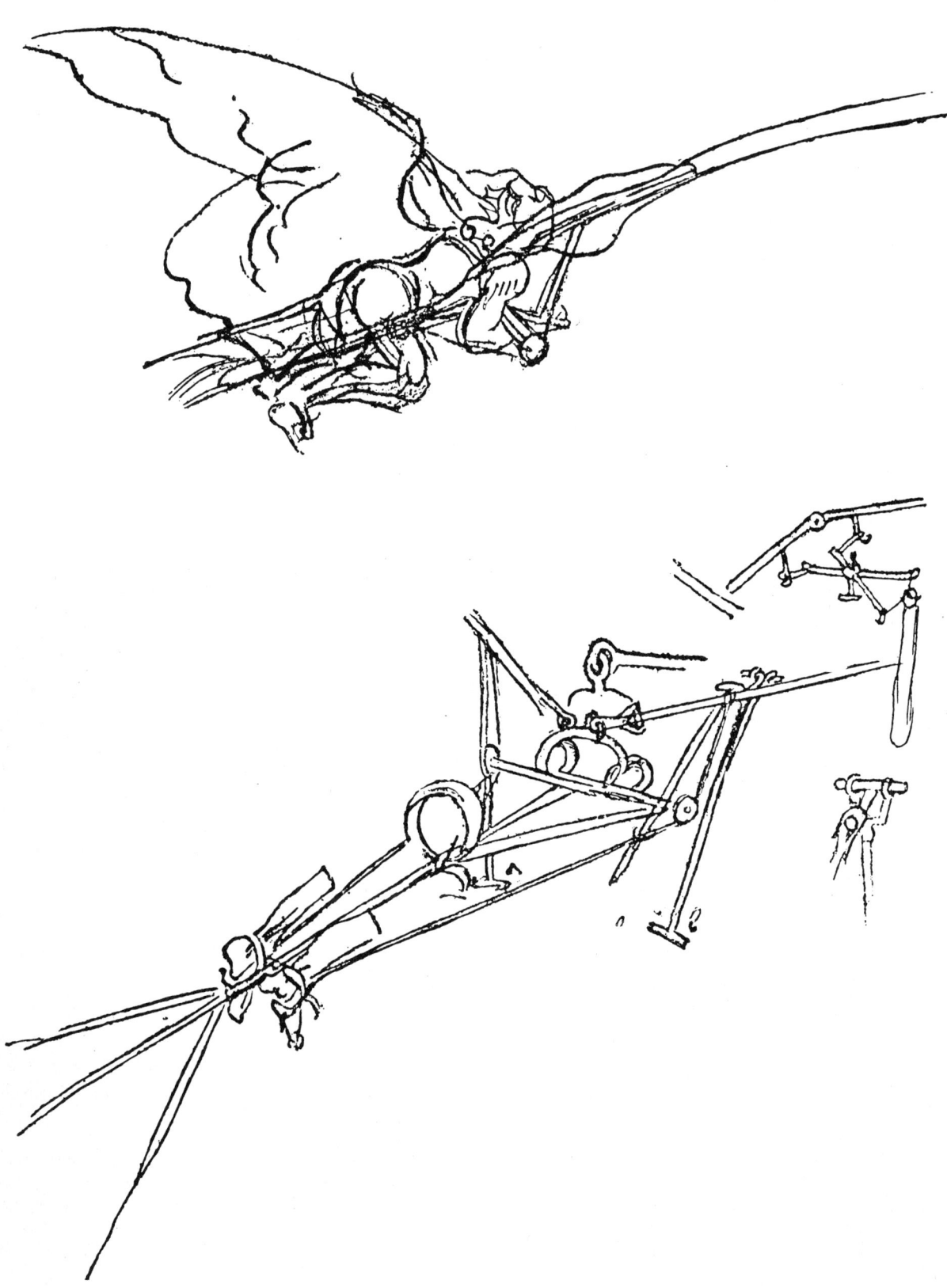

1. Links oben: *Schwingenflugzeug mit liegendem Flieger, der die Beine zusammen bewegt, während die Flügel durch Handantrieb beim Aufsteigen bewegt werden. Um 1487*
Links unten: *Schwingenflugzeug, bei dem der Flieger auf dem Bauch liegt, fliegend skizziert. Um 1487*
Oben: *Modell eines Schwingenflugzeugs im Flug*

Leonardos Untersuchungen der Flugmöglichkeiten basierten leider größtenteils auf der irrigen Vorstellung, die Muskelkraft des Menschen reiche aus, die Vögel nachzuahmen. Auch seine Annahme, der Vogel fliege durch Schlagen der Flügel nach unten und hinten, war falsch; tatsächlich drehen sich die Schwungfedern beim Senken des Flügels und geben, winzigen Propellern gleich, Stoßkraft, während der innere Teil des Flügels den Auftrieb bewirkt. Infolgedessen unternahm Leonardo immer wieder Versuche mit einer nicht zu realisierenden Idee: ein Schwingenflugzeug mit beweglichen Flügeln (Ornithopter). Erst im Alter fand er einen gangbaren Weg: eine Konstruktion mit starren Flügeln.

Bei diesen Zeichnungen, die zu seinen frühesten Entwürfen gehören, liegt der Flieger in einem Gestell auf dem Bauch, die Füße in Steigbügeln. Durch Bewegung beider Füße senkt er die Flügel. Das Heben der Flügel erfolgt mittels eines mit den Händen zu bedienenden Hebels, der deutlich rechts zu sehen ist. Das Heben der Flügel ließe sich auch durch Verwendung einer Feder oder das Anziehen beider Beine gleichzeitig bewerkstelligen, schlug Leonardo vor.

Abgebildet ist außerdem ein Modell des von Leonardo entworfenen Ornithopters.

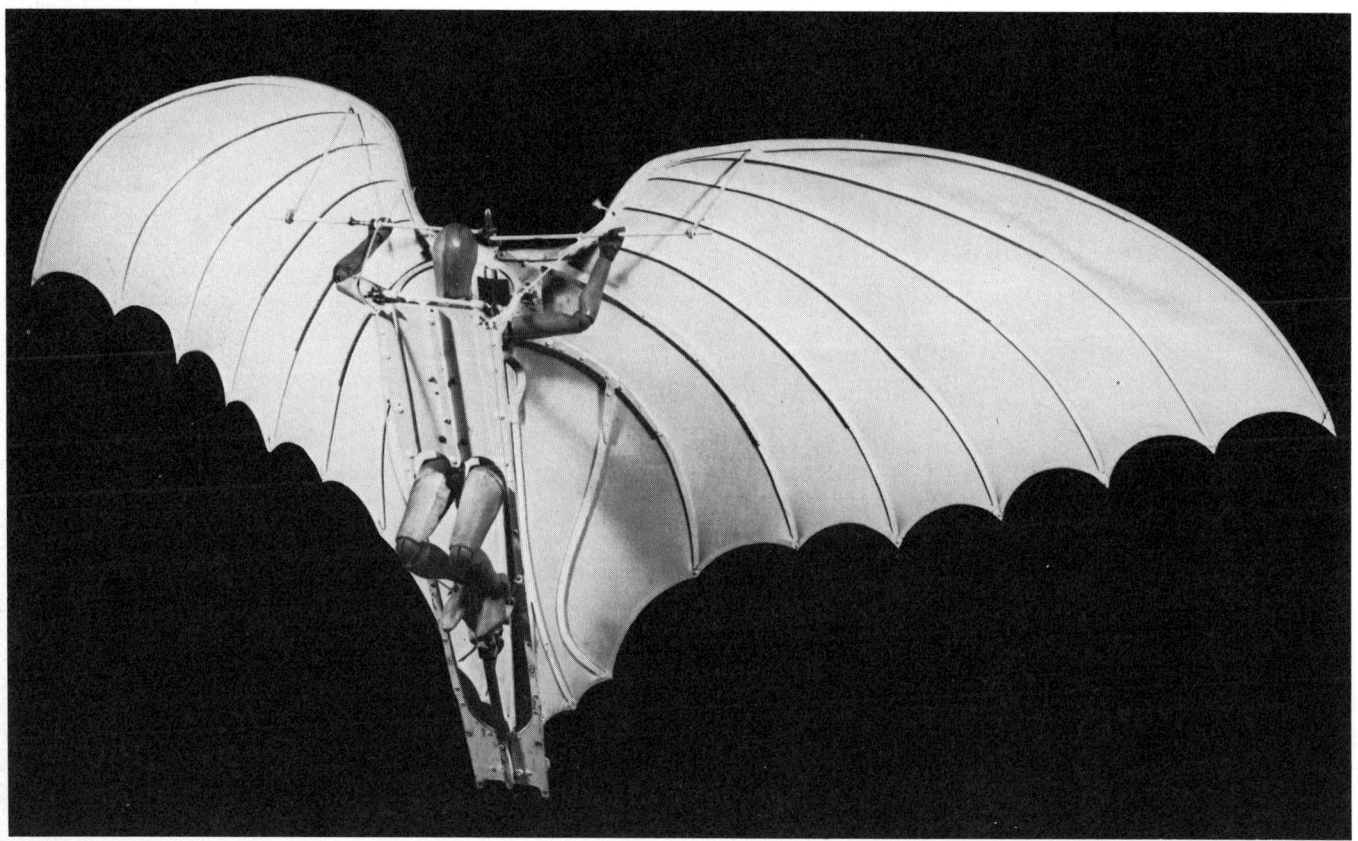

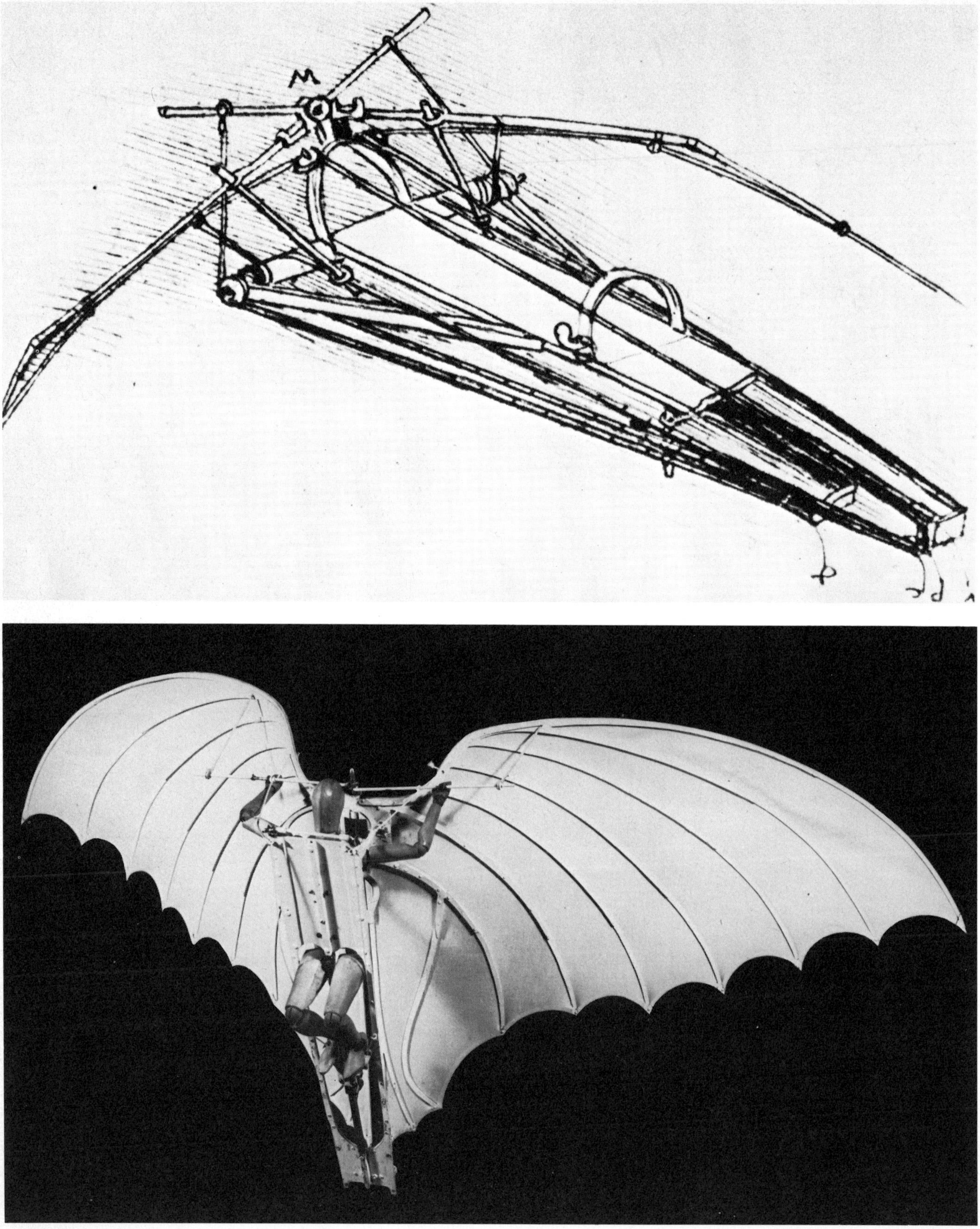

2. Oben: *Schwingenflugzeug, bei dem der Flieger auf dem Bauch liegt. Um 1486–1490*
Unten: *Modell eines Schwingenflugzeugs*

Bei dieser Konstruktion werden die Beine des Fliegers zum Heben und Senken der Flügel abwechselnd auf- und niederbewegt. Das abgebildete Modell ist noch zusätzlich mit einer Winde ausgestattet, die der Flieger mit Händen und Armen bewegt, um die Schwingen zu betätigen.

3. Unten: *Schwingenflugzeug für liegenden Flieger, der mit dem Kopfgestell das kombinierte Höhen- und Seitenruder betätigt. Um 1486–1490*
Rechts: *Detail des Kopfgestells*

Dies ist der bemerkenswerteste Entwurf Leonardos für einen liegenden Flieger. Der Flugapparat ist mit einem ausgefallenen Steuerungsmechanismus ausgestattet – dem ersten in der Geschichte der Luftfahrt –, und zwar in Form eines Kopfgestells, durch das ein kombiniertes, kreuzförmiges Höhen- und Seitenruder bewegt wird. Die Vorrichtung erscheint zweimal: einmal am Flugapparat selbst, wo das Gestell rechts bis zum Rand des Papiers herausragt (das Kopfgestell vorn herausstehend), und ein zweites Mal in einer gesonderten Skizze in der oberen rechten Ecke (siehe Detail), um den Kopf des Fliegers gelegt.

Dieser kreuzförmige Steuerungsmechanismus wurde erst 1799 von Sir George Cayley wieder aufgegriffen. Merkwürdig ist nur, daß diese Vorrichtung sonst in keiner anderen erhaltenen Zeichnung Leonardos erscheint. Dieser Flugapparat ist noch durch die zwei von Hand zu betätigenden Kurbeln unterhalb des Traggestells interessant, die zum Senken der Flügel dienen.

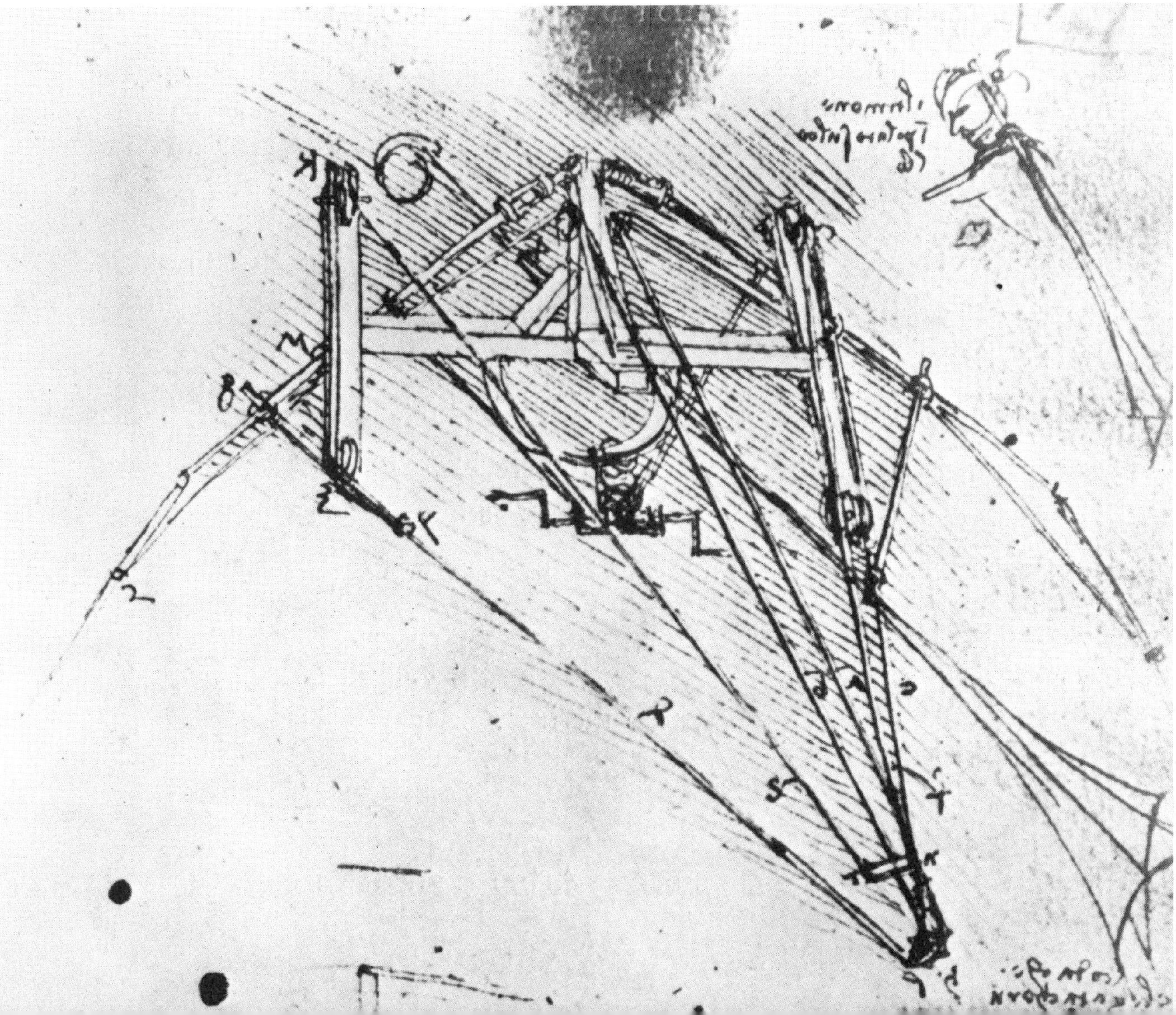

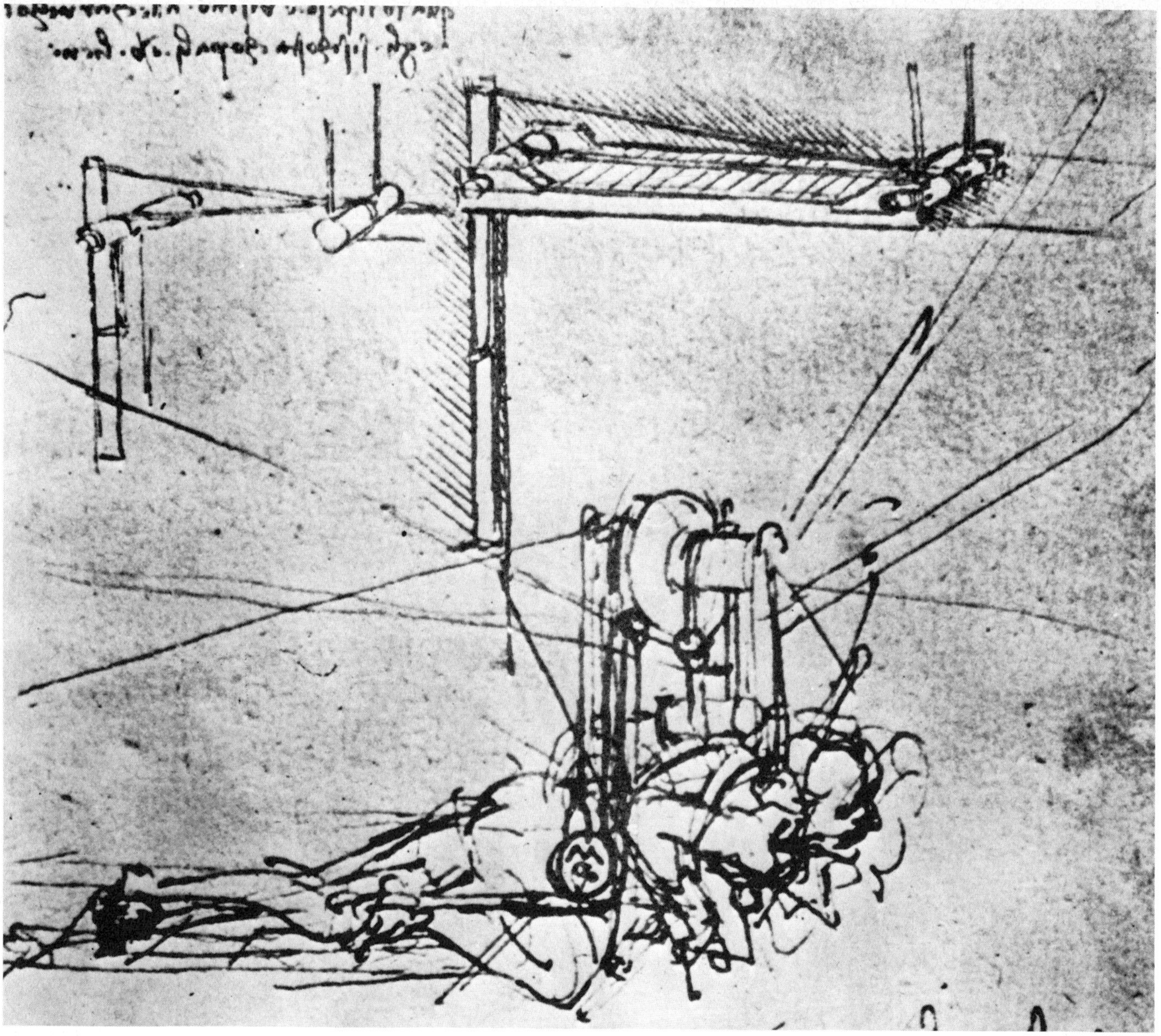

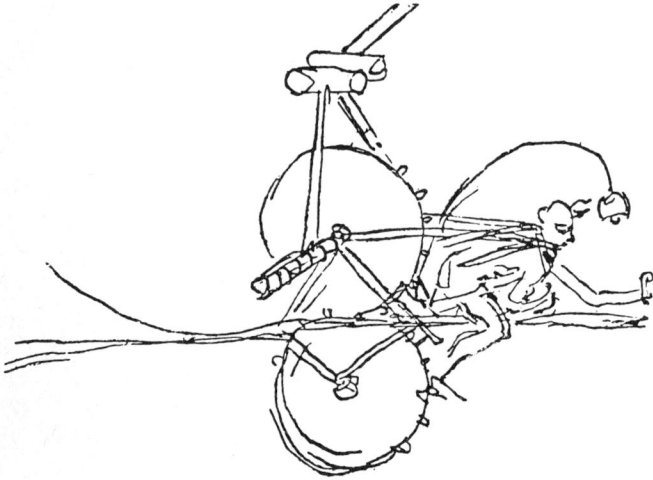

4. *Schwingenflugzeug mit liegendem Flieger, der die Beine im Wechsel bewegt, und vier Flügeln. 1486–1490*

Diese flüchtige, doch anschauliche Skizze zeigt einen raffinierten Flugapparat mit vier Flügeln, bei dem sich auf jeder Seite jeweils der eine hebt, der andere senkt. Verwendet hat Leonardo sein liebstes Übertragungsverfahren: über Rollen laufende Seile. In diesem Fall sind zwei der Tragholme an einer großen rotierenden Scheibe angebracht, die hinter der oberen Rolle liegt, so daß sie hin- und herschaukeln; dadurch wird ein Flügel gesenkt, der andere gleichzeitig gehoben; das zweite Flügelpaar bewegt sich um Gelenkpunkte, und die Hebelenden sind durch Verbindungsglieder mit den senkrecht hochführenden Seilen verbunden, um die obere Rolle und Scheibe in Gang zu setzen; dadurch erfolgt die Flügelbewegung genau entgegengesetzt zur Drehbewegung der Scheibe.

5. Links: *Schwingenflugzeug mit halb liegendem Flieger, ausgerüstet mit Rädergetriebe und Zahnradübersetzung. Um 1485*

In dieser flott hingelegten kleinen Skizze setzt der eigentümlich an einen Radrennfahrer erinnernde Flieger eine Zahnradübersetzung in Gang, indem er unmittelbar auf die Zähne des unteren Rades tritt, während er gleichzeitig mit den Händen Kurbeln zu bedienen scheint.

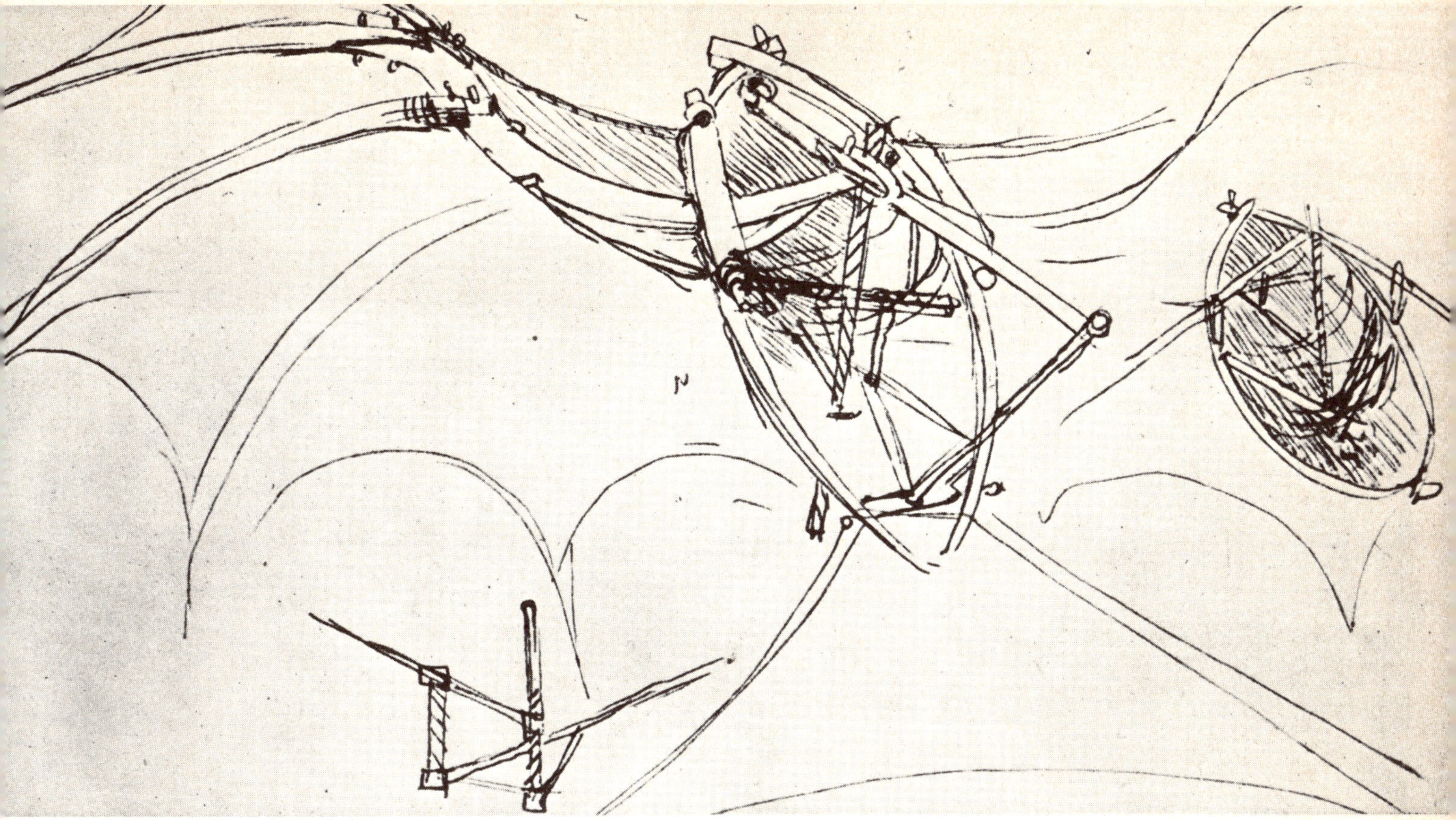

6. Oben: *Schwingenflugzeug mit bootsförmigem Rumpf. Um 1487*

Von einem Schwingenflugzeug mit bootsförmigem Rumpf oder ›Gondel‹ existieren nur zwei einigermaßen deutliche Zeichnungen. Der (hier nicht abgebildete) Entwurf meint eindeutig eine ähnliche Gondel, zeigt aber ein anderes Übertragungsverfahren. Bei der Konzeption einer Flugmaschine sieht Leonardo nunmehr einen sitzenden oder stehenden Flieger vor und hat sozusagen nur noch einen Schritt bis zur eigentlichen Energieübertragung zu tun. Hier bewegt der Flieger die Flügel mittels einer Winde, deren Gelenkpunkt, in Form einer Rolle, an jedem Schandeckel der Gondel angebracht ist, unter dem die Ruderholme verlaufen. Nicht ganz verständlich ist, wie Leonardo die Stoßwirkung der Flügel hervorzubringen gedachte. Er muß aber gewußt haben, daß der hier vorgeschlagene Mechanismus unmöglich die Flügel so schnell bewegen konnte, wie es für Tragfähigkeit und Antrieb erforderlich

wäre. Auf ein bemerkenswertes Detail dieses Entwurfs sei am Rande verwiesen: die richtig breit gestellte Höhenflosse (mit Höhenruder?), welche der von Henson 1843 vorgeschlagenen sehr ähnlich sieht.

7. Unten: *Schwingenflugzeug mit bootsförmigem Rumpf; mit Kurbel und Seilzug-Übertragung über Rollen*

Bei dieser Konstruktion, die eindeutig gleichfalls einen Flieger in einer ›Gondel‹ vorsieht, ist ein beliebtes Übertragungsverfahren Leonardos angewandt: durch Kurbeln angetriebene Rollen, über welche die Seile zu den Flügeln führen. Auch hier keinerlei Hinweis auf eine Drehung der Flügel, um die Stoßwirkung hervorzurufen. Diese Skizze hielt wohl nur einen Gedanken fest, ohne ein genaues Antriebssystem entwickeln zu wollen.

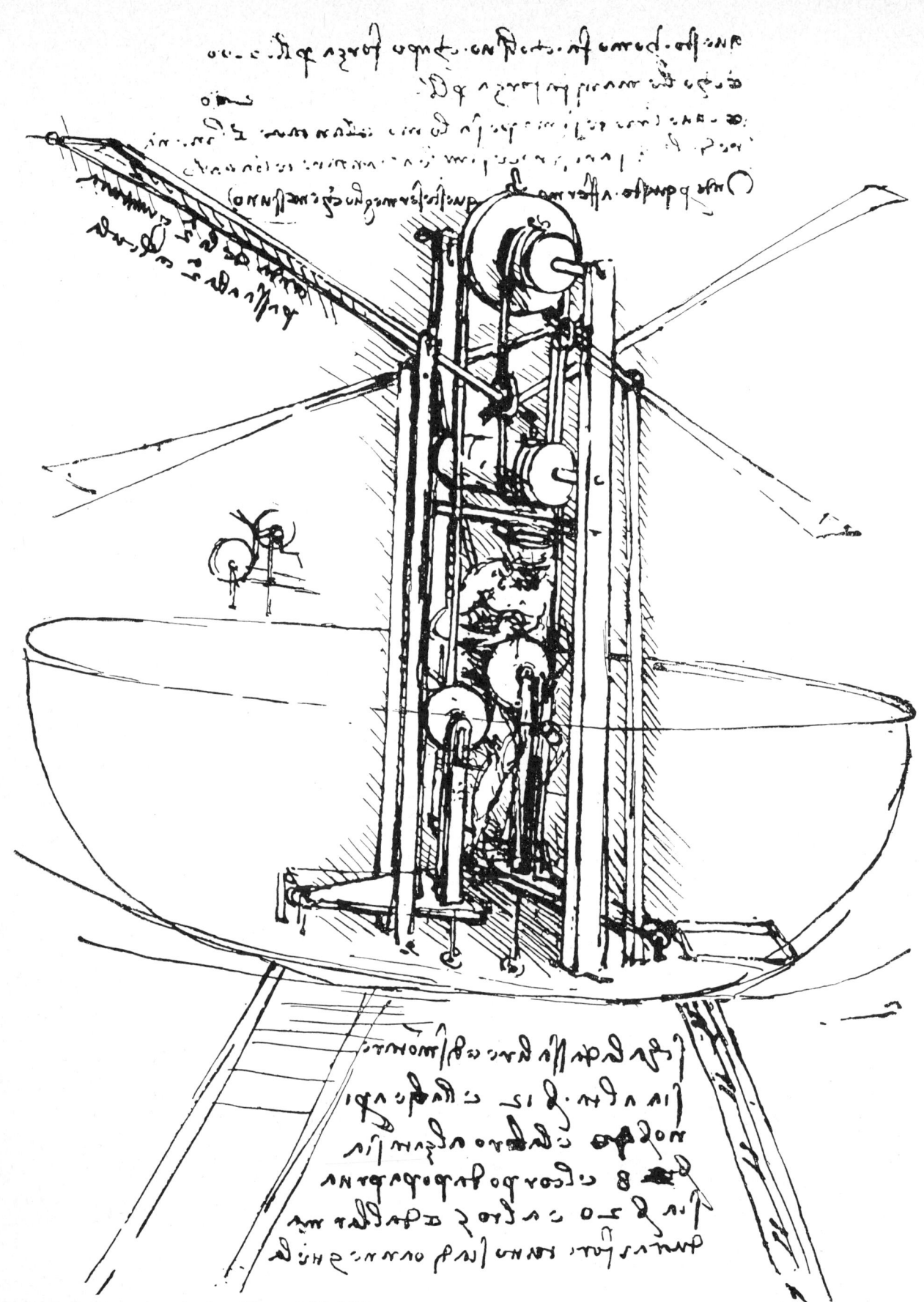

8. *Schwingenflugzeug mit stehendem Flieger. 1486–1490*

Dies ist Leonardos ausgefallenste Flugkonzeption: ein Mann steht in einer schalenförmigen Flugmaschine und bewegt vier Flügel mittels einer gewaltigen Übertragung aus Rollen mit Hand- und Fußantrieb, Tretvorrichtungen und dergleichen. Bei dem Gedanken an das Gewicht dieser Flugmaschine vermag der Aerodynamiker nur zu schaudern. Leonardos mit Besessenheit betriebenen Forschungen fördern hier immer kühnere Gedankenkonstruktionen zutage.

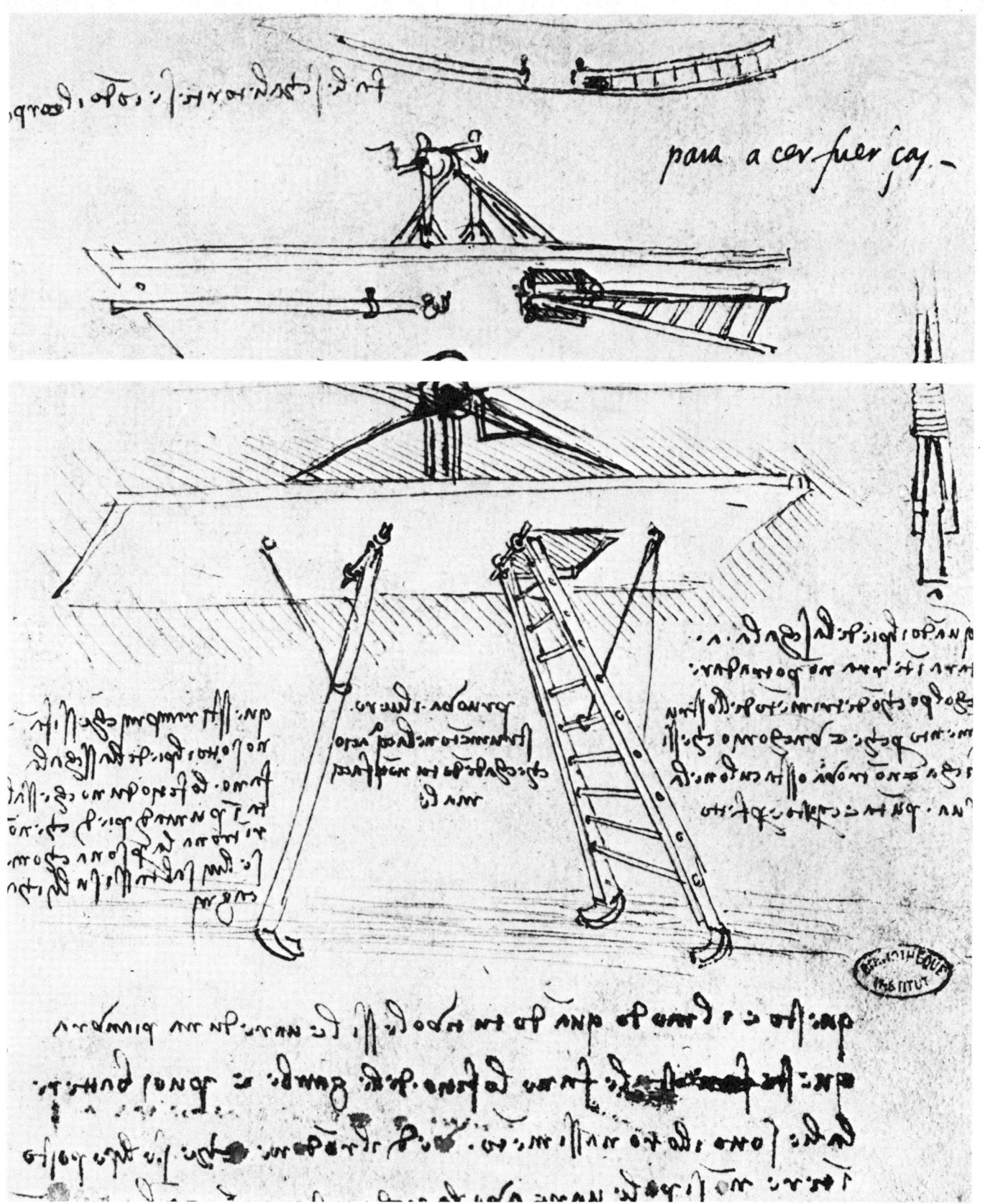

9. Oben: *Einziehbares Fahrgestell eines Schwingenflugzeugs für stehenden Flieger*
Unten: *Entwurf zu einem Fahrgestell für ein Schwingenflugzeug mit stehendem Flieger*

Leonardos Ideenreichtum bei seinen Entwürfen für Schwingenflugzeuge erstreckt sich selbst auf Vorrichtungen wie dieses einziehbare Fahrwerk und die Leiter zum Einstieg. Solches Zubehör hätte natürlich das Gewicht noch mehr vergrößert, da noch zusätzlich eine besondere Winde für das Einziehen des Fahrgestells vorgesehen ist. Interessant ist, wie Leonardo in der oberen Skizze veranschaulicht hat, wie Bein und Leiter, die das Fahrwerk bilden, innerhalb der schalenförmigen Umrißlinie des Rumpfes zu liegen kämen. Dies deutet nicht darauf hin, daß er die Bedeutung der Stromlinienform für das Flugzeug erkannt hatte; dieser Gedankengang beschäftigte ihn hauptsächlich beim Schiffbau.

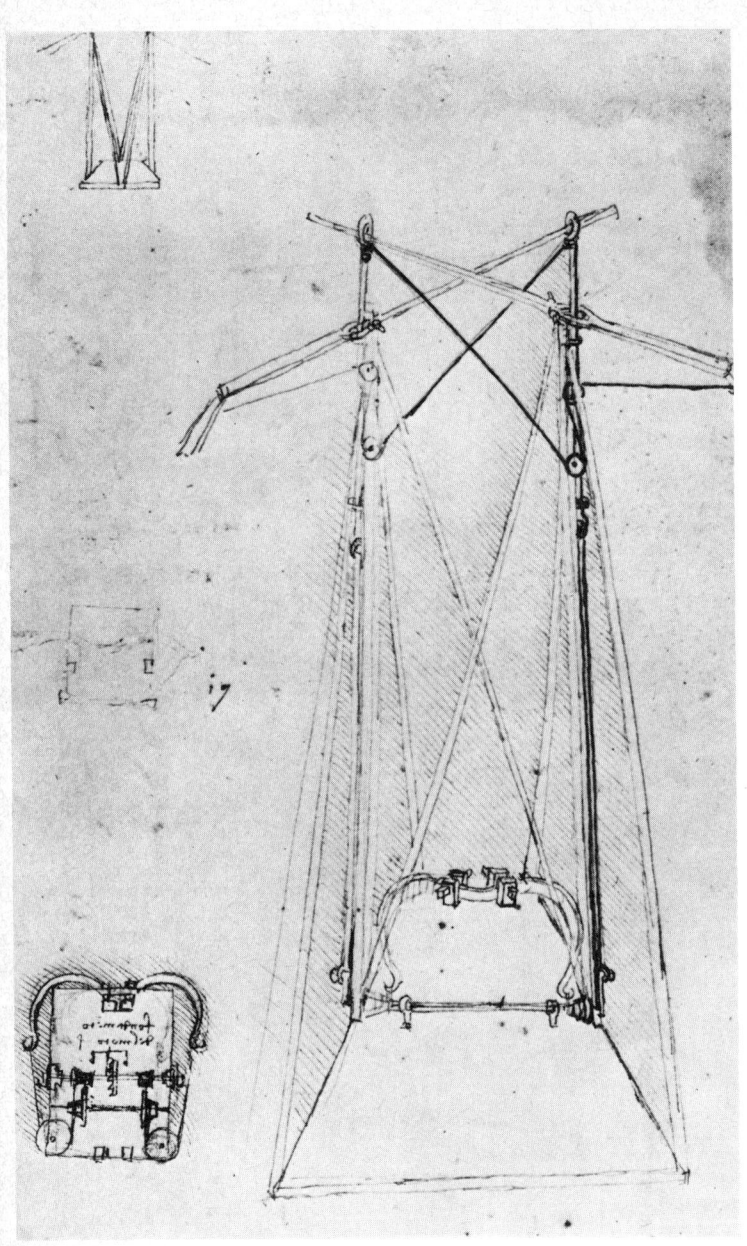

10. *Schwingenflugzeug mit Antrieb. 1495–1497*

Ehe Leonardo sein letztes, wirkliches Flugzeug entwickelte, das weit fortgeschrittene Formen aufweist, machte er seinen einzigen Entwurf für eine Flugmaschine mit Antrieb. Dieser Entwurf läßt sich in die Jahre 1495–1497 datieren und ist eigentlich nur das Hirngespinst eines Flugzeugs, aber ein interessantes Phantasiegebilde. Leonardo, Mittvierziger, wendet sich hier der einzigen Kraftquelle zu, die ihm zur Verfügung stand: dem Bogensehnenmotor, der sich zwar sehr leistungsstark bauen läßt, aber nur von ungewöhnlich kurzer Wirkungsdauer ist. Bei der Flugmaschine scheint es sich um ein Schwingenflugzeug für einen stehenden Flieger zu handeln, das allerdings nur zwei Flügel besitzt. Der Antrieb, in der Zeichnung nur angedeutet, ist daneben vergrößert dargestellt. Der Bogenmechanismus ist darin genauer zu erkennen: die Bogensehnen arbeiten über ein Zahnradgetriebe. Die ganze Konzeption einer solchen Maschine war natürlich tollkühn, und die Vorstellung, daß der Flieger während des Flugs von Zeit zu Zeit den Mechanismus ankurbeln müßte, vermittelt ein faszinierendes Bild der Hoffnungslosigkeit. Dieser Entwurf zeigt aber zumindest, daß Leonardo das Schwingenflugzeug auf alle Möglichkeiten hin untersucht hatte und daß er nunmehr den mechanischen Antrieb anstelle der Muskelkraft erwog.

11. Oben: *Semi-Ornithopter mit unbeweglichen Innenflügeln und der Position des Fliegers wie in einem Hängegleiter. 1497–1500* Rechte Seite: *Otto von Lilienthal im Flug mit einem seiner Doppeldecker-Segler*

Mit den Entwürfen für das Schwingenflugzeug mit stehendem Flieger scheint die Zeit seiner abwegigsten Gedankenmodelle vorüber zu sein, wenngleich eine zeitliche Abgrenzung nur relativ sein kann. Danach stößt man auf seine bemerkenswertesten Gedankenschöpfungen im Flugwesen, die in deutlichem Gegensatz zu seinen früheren Phantasiegebilden stehen. Leonardos Flugmaschine, die man als Semi-Ornithopter bezeichnen könnte, nimmt die von Otto von Lilienthal zwischen 1891 und 1896 entwickelten Segelflugzeuge vorweg, bei denen der Flieger im Zentrum der Flugmaschine schwebt. Der Flieger sollte hier allerdings nicht Körper und Beine schwingen, um durch die Verlagerung des Schwerpunkts in begrenztem Maße den Neigungswinkel und Kurs zu steuern und ein Schlingern der Maschine abzufangen; auch waren von Leonardo keine Starrflügelflugzeuge geplant.

Die wichtigste Neuerung bei diesem Flugzeugtyp ist die Abkehr vom reinen Schwingenflugzeug (Ornithopter), bei dem die gesamte Fläche eines jeden Flügels geschlagen wird, und der Übergang zu einer Konstruktion mit teilweise unbeweglichen Flügeln, bei

20

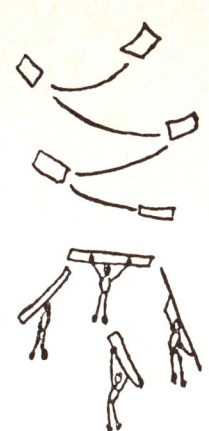

12. *Gleiter, dargestellt in mehreren Stellungen des Sinkfluges. 1510–1515*

Gegen Ende seines Lebens findet sich einer der interessantesten Gedanken Leonardos. Es erscheint kaum gerechtfertigt, ihn unter die Entwürfe für Flugmaschinen einzureihen, handelt es sich doch um das in seinen Zeichnungen nur einmal, mit einfachsten Mitteln illustrierte Prinzip des Gleitens. Neben der ersten (obere Abb.) dieser kleinen Skizzen – der Flugkörper besteht aus einem leicht gebogenen Blatt Papier – hat Leonardo vermerkt: ›Unter den Dingen, die aus gleicher Lufthöhe herabfallen, wird dasjenige, das in einer längeren Bahn niedergeht, einen schwächeren Widerstand zeigen... obwohl es [das Papier] gleichmäßig dick und schwer ist, in der schrägen Lage an der Vorderkante mehr wiegt als in irgendeinem Teil seiner Breite, die ebenso groß ist wie die der Vorderkante, die auch als Vorderfläche gelten kann, und deshalb wird diese Vorderkante als Steuer dieser Abwärtsbewegung dienen.‹

Zu der Skizze darunter bemerkt er: ›Dieser Mann wird sich zur rechten Seite hin bewegen, wenn er den rechten Arm beugt und den linken Arm streckt, und er wird sich dann von rechts nach links bewegen, wenn er die Streckung der Arme wechselt.‹

Das sind die Anfänge des gesteuerten Gleitfluges, kaum zehn Jahre vor dem Tode dieses außerordentlichen Mannes niedergeschrieben und illustriert.

denen nur der äußere Teil des Flügels beweglich ist. Auch hierin ist Leonardo ein Vorläufer Lilienthals, der diese Vorstellung für seinen Motorsegler von 1895 entwickelte, der, in Anlehnung an die Schwungfedern des Vogels, viele Rippen (Leisten) am Tragflächenende nach Art des Schwingenflugzeugs besaß. Leonardo ging davon aus, daß ungefähr die Hälfte der Flügelfläche beweglich sein sollte. Hier zeigt sich meiner Ansicht nach, daß er den Aufbau des Vogelflügels vor Augen hatte und zu der Erkenntnis gelangt war, der innere Teil des Flügels bewege sich viel langsamer als der äußere Teil und bewirke folglich Auftrieb, kcinen Stoß. Deshalb verringert er mit Rücksicht auf die Muskelkraft des Fliegers den zu schlagenden Teil der Flügelfläche und setzt Bewegung und Kraft da ein, wo sie am besten nutzbar zu machen sind.

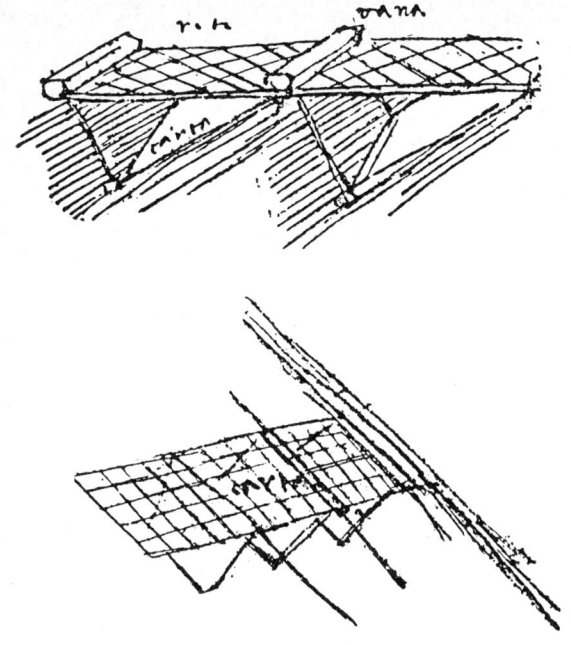

13. *Zwei Klappenventilsysteme für Schwingenflugzeuge. 1487–1490*

Leonardo hatte beobachtet, in welcher Weise sich das Vogelgefieder übereinanderschichtet, um dem Flügel größtmögliche Kraft zu verleihen, so daß er bei der Abwärtsbewegung eine geschlossene Fläche bildet. Daraus schloß er, dieses dichte Gefüge müsse bei der Aufwärtsbewegung durchlässig werden, so daß die Luft ungehindert zwischen den Federn hindurchströmen könne, um den Widerstand zu verringern. Das war allerdings ein Trugschluß, denn der Flügel des Vogels wird bei der Aufwärtsbewegung nicht luftdurchlässig. Aufgrund seiner Überzeugung entwickelte Leonardo einen genialen Klappenventilmechanismus, der aeronautisch ungenutzt bleiben sollte, bis Jakob Degen im ersten Jahrzent des 19. Jahrhunderts zu der gleichen Überzeugung gelangte, die er für sein Schwingenflugzeug praktisch auswertete. Die Vorrichtung besteht aus einem zwischen den Flügelrippen, über der Leinwandbespannung, ausgespannten Netz, so daß der Flügel bei der Abwärtsbewegung ›geschlossen‹ ist. Bei der Aufwärtsbewegung flattert die Bespannung lose herab und läßt die Luft durch die Flügel hindurchströmen.

Daß der Flug der Fledermäuse Leonardo ebenso faszinierte wie der Flug der Vögel, zeigt diese Flügelkonstruktion mit Ventilmechanismus. Seine Flügelformen verraten den Einfluß von beiden. Zuweilen verweist er direkt auf die Fledermaus: ›Bedenke, daß dein ʼVogelʼ [d. h. das Flugzeug] nur die Fledermaus zum Vorbild haben soll, weil ihre Häute ... als Bewehrung oder, richtiger gesagt, als ein Mittel zur Verbindung seiner Bewehrung, das heißt der Streben der Flügel, dienen.‹ Dann wieder ist es der Bau des Vogels, der ihn mehr beschäftigt.

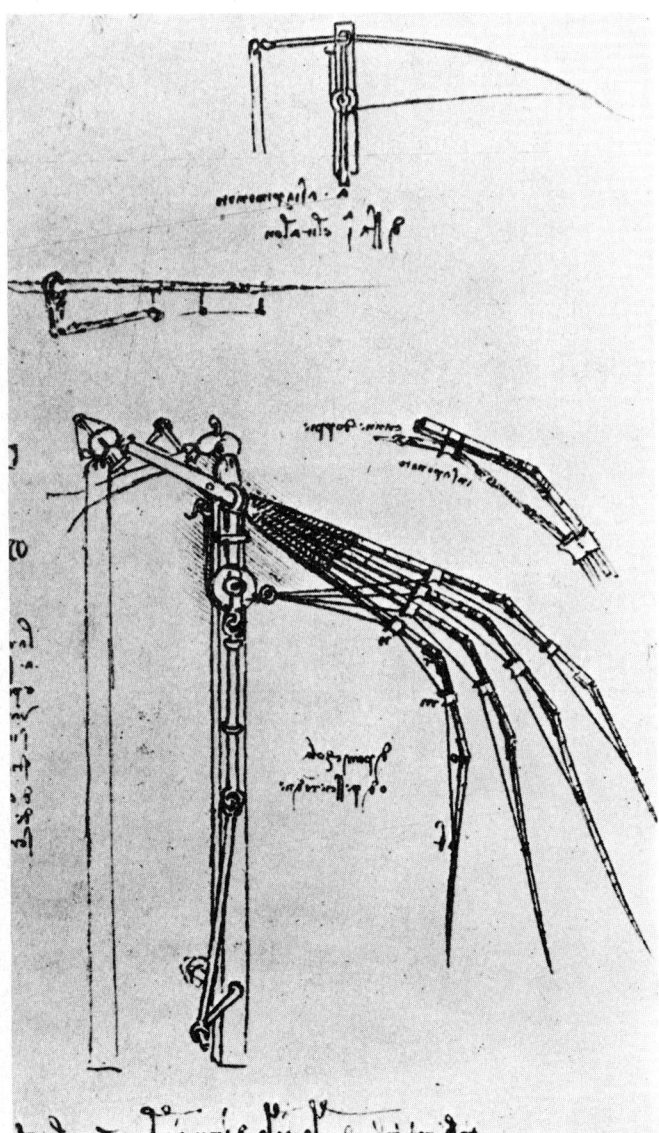

14. *Bewegungs- und Drehmechanismus für den Flügel eines Schwingenflugzeugs. 1495–1497*

Von Anfang an konstruierte Leonardo die Flügel so, daß mittels Drehen des Flügelholms in einem Gelenk der Flügelschlag abwärts und rückwärts durchgeführt werden konnte. Je mehr ihn sein Einfallsreichtum gefangennahm, desto komplexer wurden die Entwürfe für die ›Fingergelenke‹ des Flügels. Seine Zeichnungen sind häufig bis ins Detail ausgearbeitet; eine seiner besten, zwischen 1495 und 1497 entstanden, ist links wiedergegeben, in der Dreh- und Zugmechanismus trefflich veranschaulicht sind. Von solch genialen Spielereien sollte er sich aber schon bald abwenden, um sich einfacheren und zweckmäßigeren Formen zuzuwenden.

15. *Flieger eines Schwingenflugzeugs, der durch Körperbewegungen den Flug steuert. 1505*

In diesem Entwurf hat Leonardo die von Lilienthal zwischen 1891 und 1896 entwickelte Flugsteuerung vorweggenommen, bei welcher der schwebende Flieger Körper und Beine in die Richtung schwingt, in die er fliegen will, so daß sich der Schwerpunkt und mit ihm der Mittelpunkt der Druckbelastung verlagern. Leonardo verfiel allerdings auf die wenig sinnvolle Möglichkeit dieser Verlagerung von oben, was Instabilität zur Folge hätte. Hätte er länger gelebt, wäre er sicherlich zu dieser Erkenntnis gelangt und hätte die Technik des Hängegleiters zur Flugsteuerung genutzt, noch ehe er bewegliche Steuerungsmechanismen erfunden hätte, wie bereits mit seinem kreuzförmigen Leitwerk geplant, doch dann leider wieder fallengelassen.

16. *Prüfeinrichtung für den Flügel eines Schwingenflugzeuges. 1486–1490*

Leonardo hat einige Skizzen hinterlassen, auf denen Vorrichtungen dargestellt sind, um die auf einen bewegten Flügel einwirkenden Kräfte festzustellen; am bekanntesten ist die hier wiedergegebene Zeichnung.

Diese Prüfung ist insofern irreführend, als der Flieger eines Schwingenflugzeugs beide Flügel gleichzeitig schlagen muß. Der Energieaufwand eines Menschen zum Schlagen zweier Flügel würde wegen des doppelten Kraftaufwandes allzu groß sein aufgrund der Probleme des Stoffwechsels und des Ersatzes der (verbrauchten) Energie.

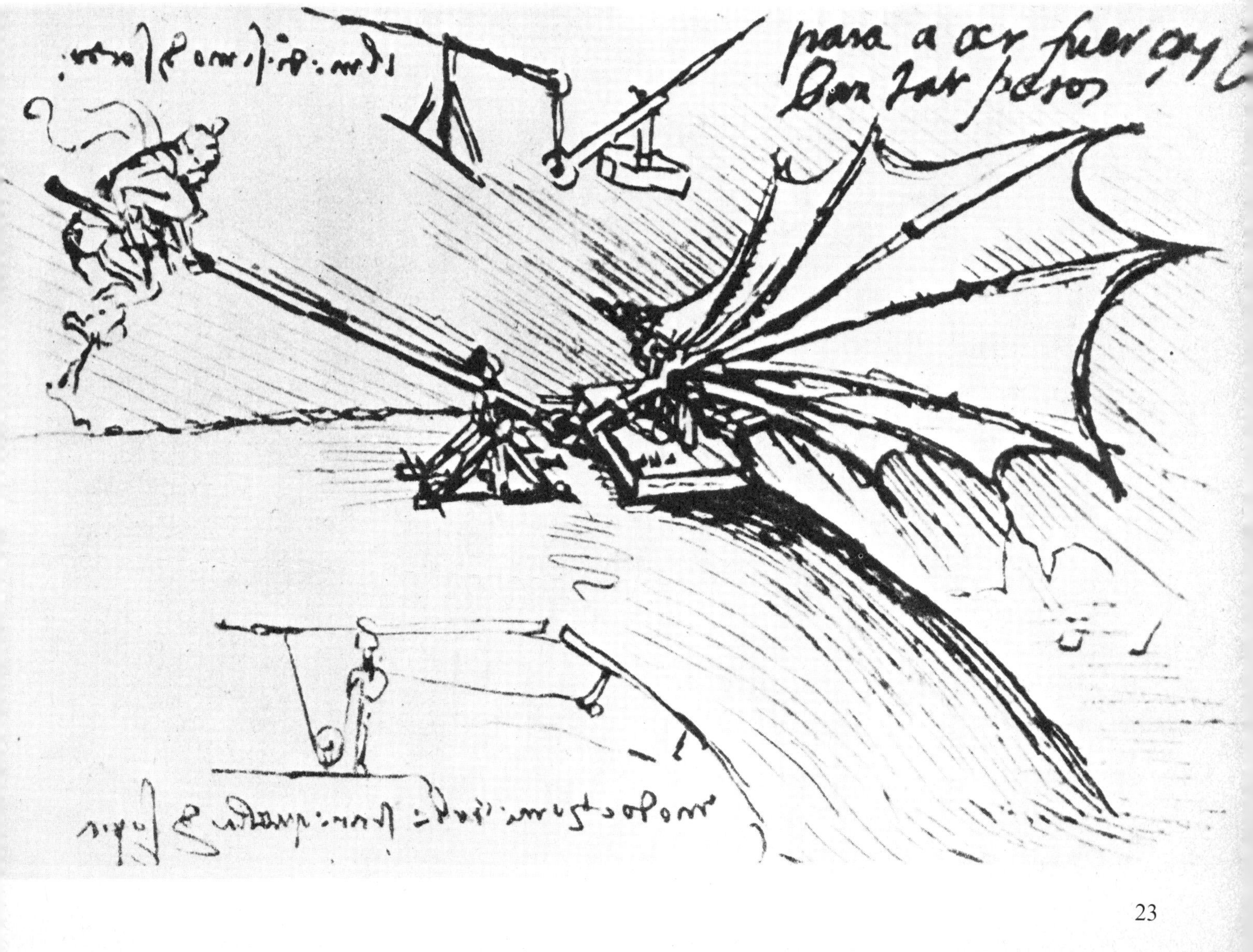

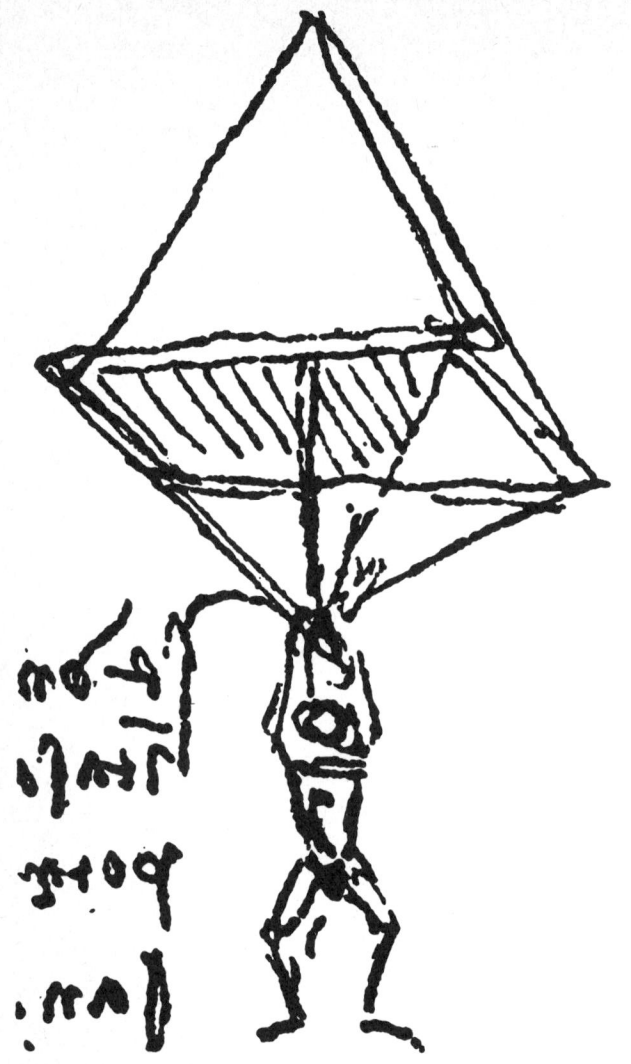

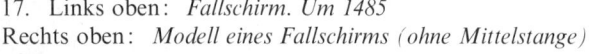

17. Links oben: *Fallschirm. Um 1485*
Rechts oben: *Modell eines Fallschirms (ohne Mittelstange)*

Leonardos Entwurf für einen Fallschirm ist der bei weitem beste Vorschlag, er hat die Form einer Pyramide. Neben der Zeichnung vermerkte er: ›Wenn ein Mensch ein Zeltdach aus abgedichteter Leinwand, das 12 Ellen breit und 12 Ellen hoch sein soll, über sich hat, so wird er aus jeder noch so großen Höhe herabstürzen können, ohne Schaden zu nehmen...‹ Ein interessantes Detail dieses Entwurfs ist die von der Spitze des Fallschirmes herabführende Stange: Leonardo wollte seiner ganzen Konstruktion Festigkeit geben, zu diesem Zweck sind die Fangleinen am Ende der Stange vertäut. Da der Flieger direkt unterhalb der Verbindungsstelle an den Armen hängt, wäre er den bei dieser Fallschirmform auftretenden Schwingungen nicht so stark ausgesetzt.

Ob Leonardo neben der allgemeinen Vorstellung, die er beschrieb, auch bereits den Absprung aus dem Flugzeug erwog, wäre interessant zu wissen und auch, warum er statt der Zeltform nicht mit einer Schirmvariante arbeitete. Da Leonardos Skizze erst Ende des 19. Jahrhunderts entdeckt wurde, hatte sein Entwurf keinen Einfluß auf die Entwicklung moderner Fallschirme, die in ihrer Form alle auf den Schirm zurückgehen. Der erste Fallschirmabsprung aus der Luft wurde 1797 von Garnerin unternommen. Trotzdem besitzt Leonardos Entwurf auffallende Ähnlichkeit mit modernen Fallschirmformen.

18. Rechte Seite oben: *Helikopter mit spiralförmiger Luftschraube. 1486–1490*
Rechte Seite unten: *Personenhubschrauber, der zur Landung ansetzt. Fünfziger Jahre 20. Jahrhundert*

Noch bis vor kurzem konnte Leonardos bewundernswerter kleiner Entwurf für einen Helikopter, nach dem er ein funktionsfähiges Modell gebaut zu haben scheint, als der älteste Helikopter der Geschichte gelten. Inzwischen weiß man aber, daß schon vor Leonardos Luftschraube der Mechanismus des Helikopters bekannt war und erfolgreich angewandt wurde, und zwar in Form eines Spielzeugs, dessen Antriebssystem dem der Windmühlenflügel entlehnt war. Ein solches Helikopter-Modell ließ sich mittels einer Leine, die kräftig zu ziehen und fest um den Wellbaum gewunden war, in die Luft schrauben. Das älteste uns bekannte Spielzeug dieser Art stammt aus der Zeit zwischen 1320–1325.

Leonardos Flugmaschine trug das Antriebssystem an Bord, hatte jedoch statt der rotierenden Flügel die unbefriedigende Form einer spiralförmigen Luftschraube. Dieser Entwurf, wie das meiste von Leonardos Werk, wurde erst bekannt, als sich der Hubschrauber, mit verschiedenen Antriebssystemen ausgestattet, bereits in der Luftfahrt durchgesetzt hatte. Wenn jedoch die folgende Geschichte stimmt – und es gibt keinen vernünftigen Grund, sie anzuzweifeln –, dann hatte Leonardo indirekt entscheidenden Anteil an der Entwicklung des modernen Hubschraubers. Es heißt, Igor Sikorsky habe eine Abbildung dieses Modells von seiner Mutter gezeigt bekommen, und dieses Bild habe ihn später veranlaßt, sich dem Studium des Helikopters zu widmen, in dessen Erforschung er führend werden sollte.

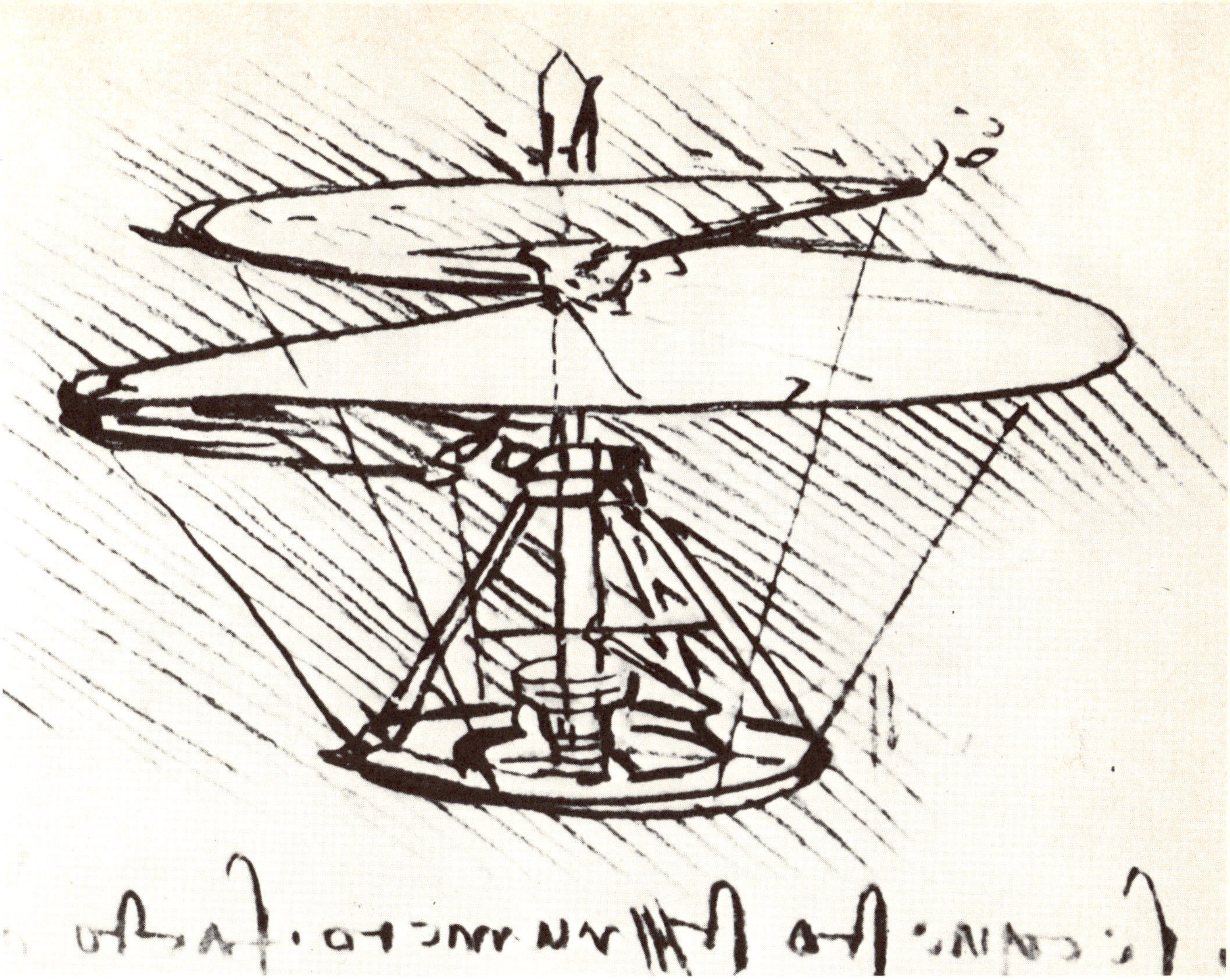

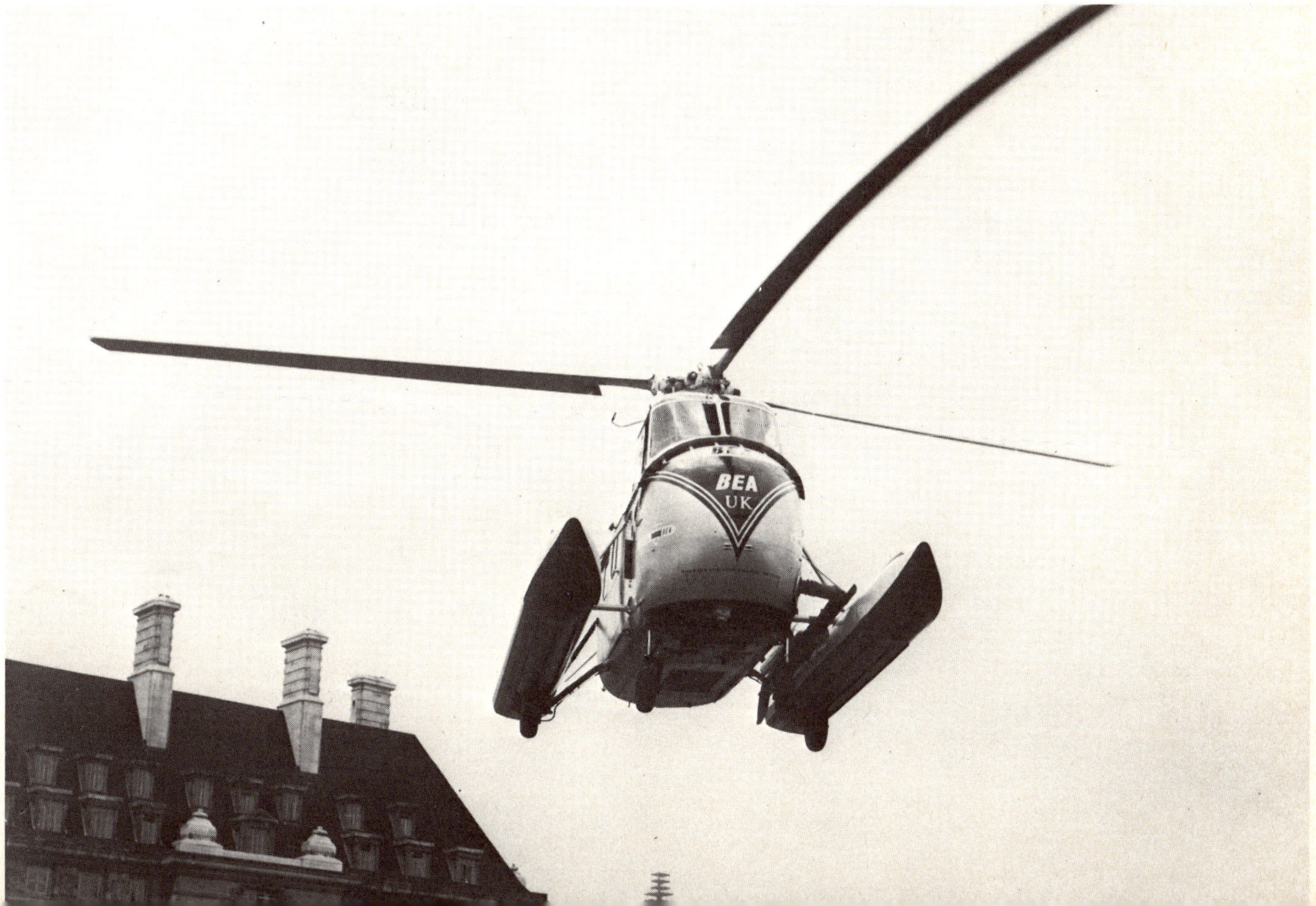
BEA
UK

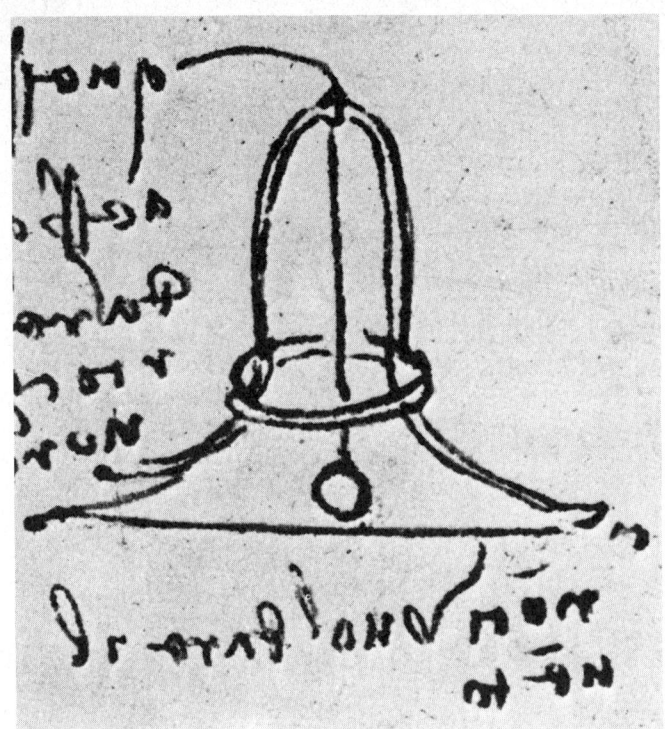 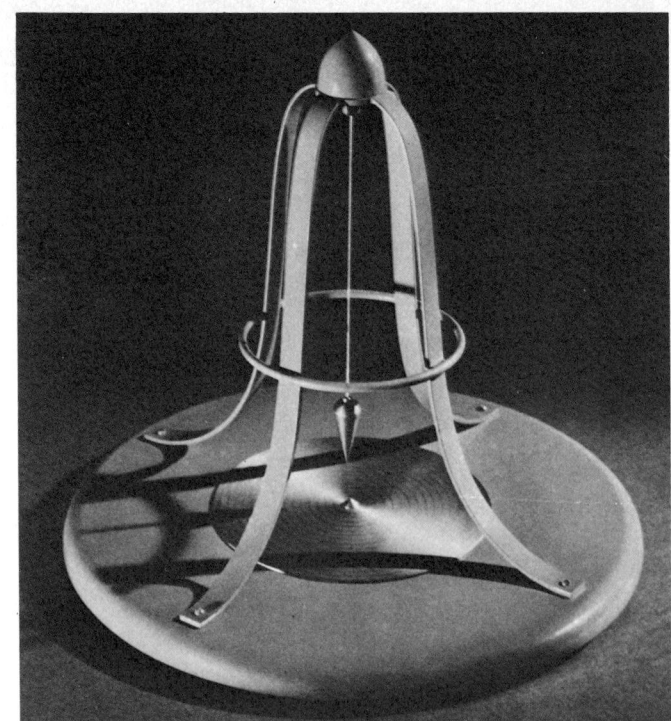

19. *Flugzeug-Neigungsmesser. Um 1485*
Rechts oben: *Modell des Neigungsmessers*

Ziemlich am Anfang seiner Entwürfe für Flugzeugkonstruktionen steht diese erstaunliche kleine Zeichnung eines Neigungsmessers, der ausdrücklich für Flugmaschinen entwickelt wurde. Es handelt sich um ein Instrument, das die Neigung eines Flugzeugs zur Horizontale anzeigt. Leonardo befaßte sich sogar mit vergleichsweise akademischen Fragen, bedenkt man, welcher ›Stand der Kunst‹ des Fliegens zum damaligen Zeitpunkt erreicht war. Das Instrument besteht aus einem kleinen, an einem Gestell hängenden Pendel und sollte am Flugzeug angebracht werden.

Kriegsgerät

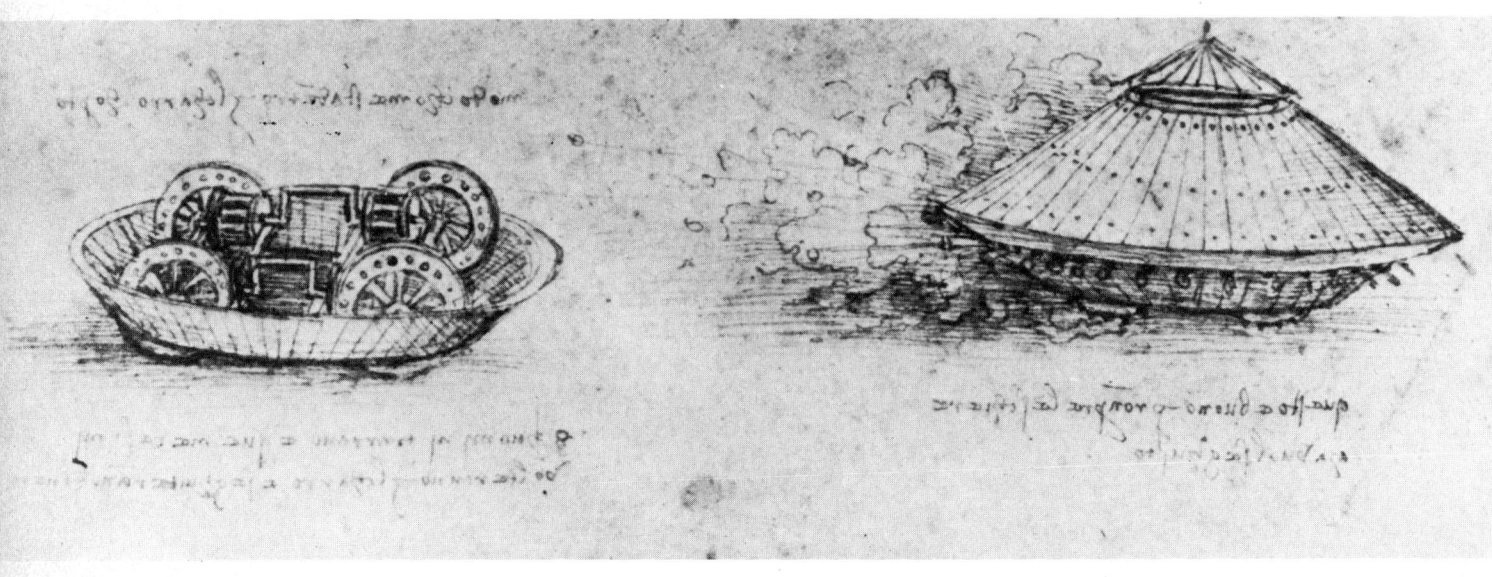

20. Oben: *Modell eines Panzerwagens*
Unten: *Panzerwagen*
Rechts oben: *Panzer mit Pferdeantrieb*
Rechts unten: *Panzer in Gefechtslinie. 1915*

Zur Zeit Leonardos und auch schon früher war der gedeckte Kampfwagen in militärischen Traktaten ein geläufiges For-schungsobjekt. Valturio und Guido da Vigevano hatten ›Panzer‹ mit Flügelantrieb gezeichnet, und es ist tatsächlich erstaunlich, daß die Welt noch weitere 400 Jahre bis zu Churchills Panzer des Ersten Weltkriegs warten mußte. Leonardo beschrieb den Durchbruch des Panzers im 20. Jahrhundert mit folgenden Wor-ten: ›Ich werde gedeckte Wagen bauen, die mit ihren Geschützen durch die Reihen des Feindes fahren und jeden noch so großen

Haufen von Bewaffneten zersprengen werden. Hinter ihnen können die Fußsoldaten fast unangefochten und völlig ungestört folgen.‹ Leonardos Entwurf besaß schuppenartig übereinanderliegende Metallplatten für Scharfschützen. Doch das eigentlich Neue seines Panzerwagens, verglichen mit denen seiner Vorgänger, war seine Mobilität. Er war mit Kurbelantrieb ausgestattet, der von Menschen zu bedienen war, oder für Pferdeantrieb vorgesehen, ersteres war vorzuziehen, da Tiere in dem beengten, lärmerfüllten Raum leicht in Panik geraten konnten. Die Kurbeln waren mit horizontalen Rollenrädern verbunden, die ihrerseits die Getriebe mit den vier Laufrädern in Gang setzten. Die Funktionsmechanis-

men veranschaulicht Leonardos Zeichnung des Fahrwerks, bei der der obere Teil abgenommen ist. Der Panzerwagen ist nicht eine Erfindung Leonardos. Es existieren ältere Entwürfe, doch weder nach diesen noch nach Leonardos eigenen Plänen ist je ein Panzer gebaut worden. Es ist auch fraglich, ob Leonardo seine Konstruktion überhaupt funktionsfähig gestalten wollte, denn so, wie die Kurbel gezeichnet ist, hätte sie Vorder- und Hinterräder in entgegengesetzter Richtung angetrieben. Man wird nie erfahren, ob Leonardo aus Gewissensgründen diesen Fehler absichtlich machte, oder ob er verhindern wollte, daß der Gegner sich das Projekt zunutze machte.

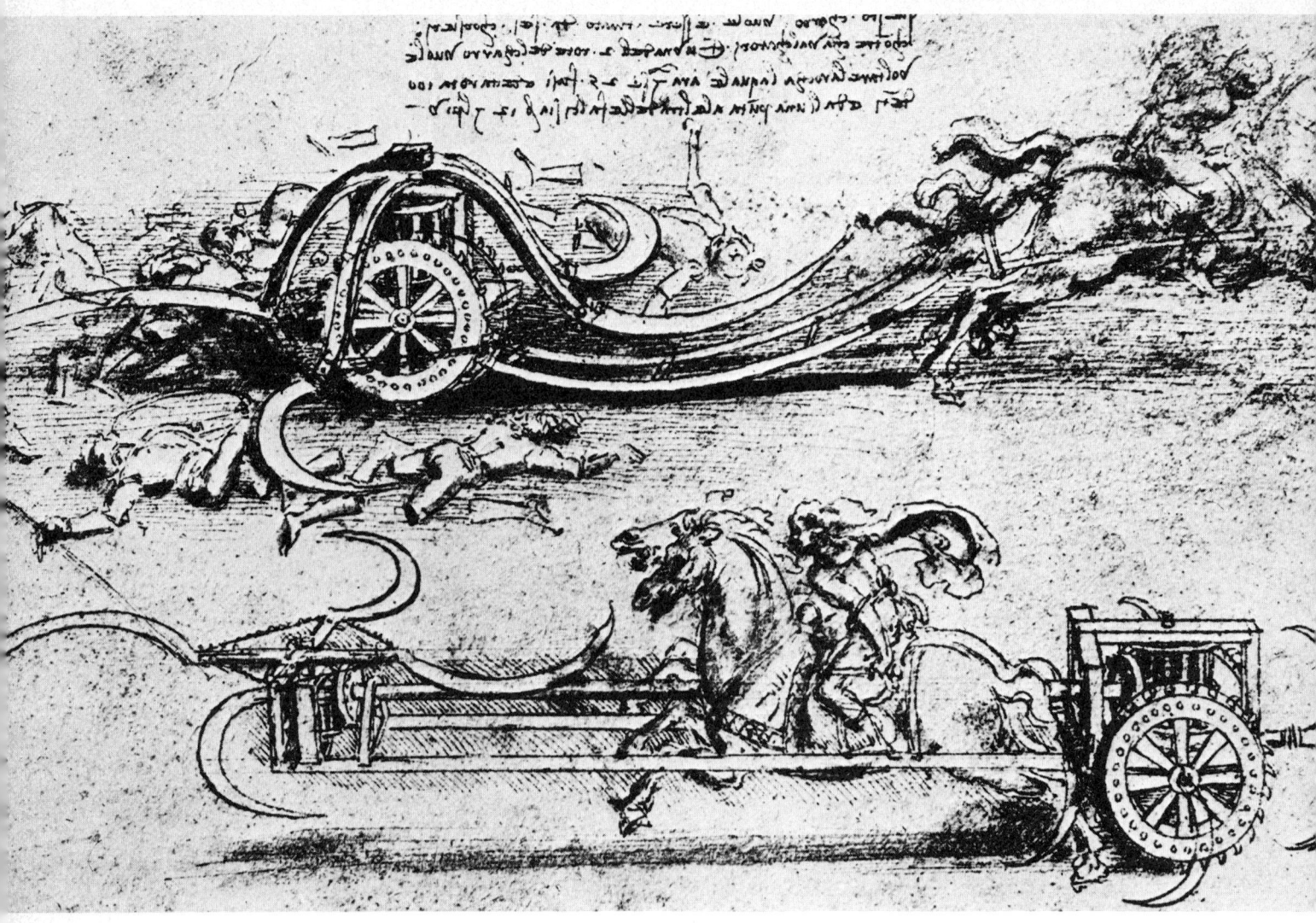

21. *Sichelwagen*

Leonardo war ein gütiger Mensch, von dem berichtet wird, er sei Vegetarier gewesen und habe Vogelhändlern auf dem Markt die Vögel abgekauft, um ihnen die Freiheit wiederzugeben. Das in dieser Zeichnung dargestellte ungewöhnlich grausige Geschehen veranschaulicht, welche Verstümmelungen Sichelwagen, von scheuenden Pferden gezogen, anrichten. Die Kenntnis von Sichelwagen entnahm Leonardo wohl aus Valturios Werk *De Re Militarii*, und er scheint eine mechanisch angetriebene, noch wirksamere Variante entwickelt zu haben.

In der oberen Zeichnung ziehen zwei Pferde einen Wagen, dessen Lauffräder ein senkrecht aufsitzendes Stockgetriebe drehen, auf dem vier gewaltige Sicheln, ähnlich den gebogenen Propellern eines Hubschraubers, montiert sind. In der unteren Zeichnung setzt ein ähnliches Stockgetriebe mehrere kleine, um den Kampfwagen verteilte Sicheln in Bewegung, ferner eine gewaltige Schraube, die vor den Pferden vier große Sicheln dreht. Leonardo erkannte, daß dieses schreckliche Kampfgefährt unter Freunden wie Feinden gleichermaßen viel Schaden anrichten würde.

22. Rechte Seite links oben: *Strick- und Sturmleitern*
Rechte Seite rechts oben: *Krieger erstürmt eine Festung mittels einer Strickleiter*
Rechts unten: *Krieger beim Erstürmen einer Mauer mit Leitern*

Als gegen 1479 Florenz belagert wurde, befaßte sich Leonardo natürlich gleich mit der Möglichkeit einer Verteidigung und Erstürmung von Mauern. Auch in diesem Fall waren Kampfmittel der mittelalterlichen Kriegführung aufzugreifen und ihnen etwas von jenem unverwechselbaren Erfindungsgeist Leonardos zu geben, der so viele seiner Schöpfungen auszeichnet. Diese drei Zeichnungen veranschaulichen, mit welchen Mitteln Leonardo eine Mauer zu erstürmen gedachte, wenn sich keine Bresche durch Geschützfeuer schlagen ließ. Wäre Bergsteigen eine Freizeitbeschäftigung zu Leonardos Zeit gewesen, hätte sich manches dieser Ausrüstung als nützlich erweisen können.

Die erste Zeichnung zeigt verschiedene Strickleitern und feste Sturmleitern. Einige sind mit einem Eisenhaken versehen, der zum Einhängen der Leiter über die Mauerkappe dient, andere tragen eine Eisenspitze, mit der man sie an ihrem Ende in den Boden schlagen kann. Die zweite Zeichnung veranschaulicht, wie ein Mann eine Festungsmauer über einen Graben hinweg mit Hilfe einer Strickleiter erstürmt, die der Webeleine zum Erklimmen eines Segelschiffsmasts sehr ähnlich ist. Die dritte Zeichnung zeigt einen Mann, der mittels Kletterhaken verschiedener Form und Größe eine Mauer erstürmt. Beim Aufstieg macht er mit Hilfe einer spitzen Bohrwinde Löcher für die Haken über ihm, gleichzeitig zieht er eine Strickleiter für das ihm folgende Sturmkommando empor.

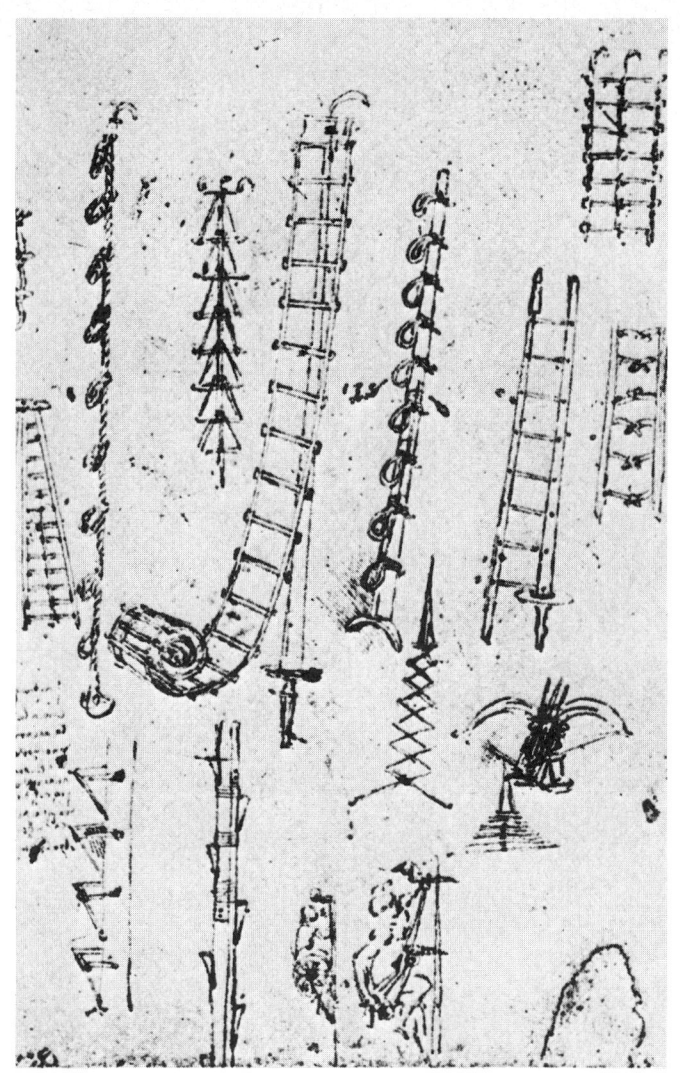

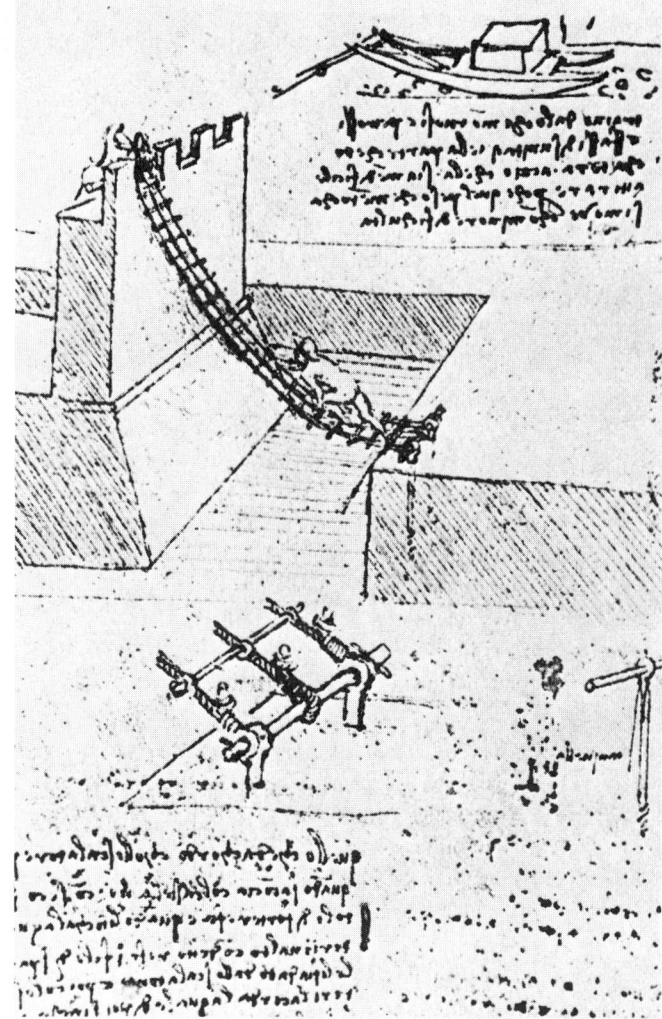

23. *Mechanismus zur Abwehr von Sturmleitern*

Zur Mauerverteidigung und zur Abwehr jener Sturmleitern, die er selbst entworfen hatte, schlug Leonardo zwei
äußerst sinnreiche Mechanismen vor. Die hier wiedergegebene Vorrichtung besteht aus einer Art horizontalem Fall-
gatter, mit dem sich die Sturmleitern bis zu dem Punkt
zurückschieben ließen, an dem sie selbsttätig zu Boden
fielen. Der zweite Mechanismus war ein Riesenzahnrad,
das horizontale Flügel antrieb, mit denen Eindringlinge
wie mit einem riesigen Scheibenwischer von der Mauer
gefegt wurden. Zu der Vorrichtung gehört ein waagerecht
vor der Außenmauer liegender Querbalken, der sich von
innen durch Ziehen an einem Seil oder durch Drehen
einer Winde, beides durch Menschenkraft, vorschieben
läßt.

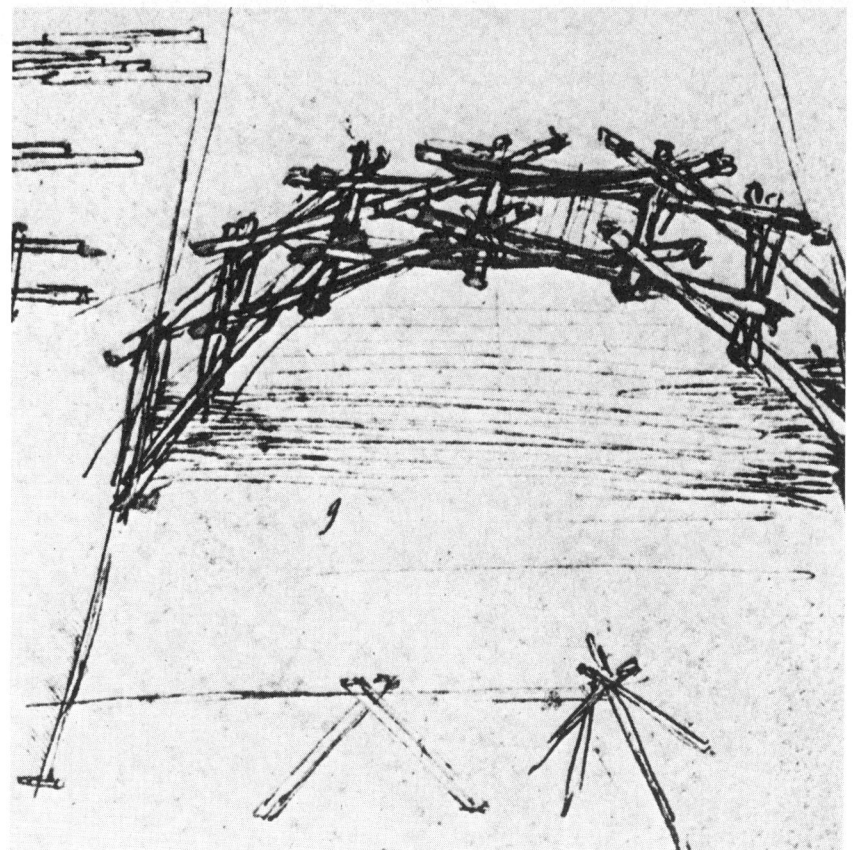

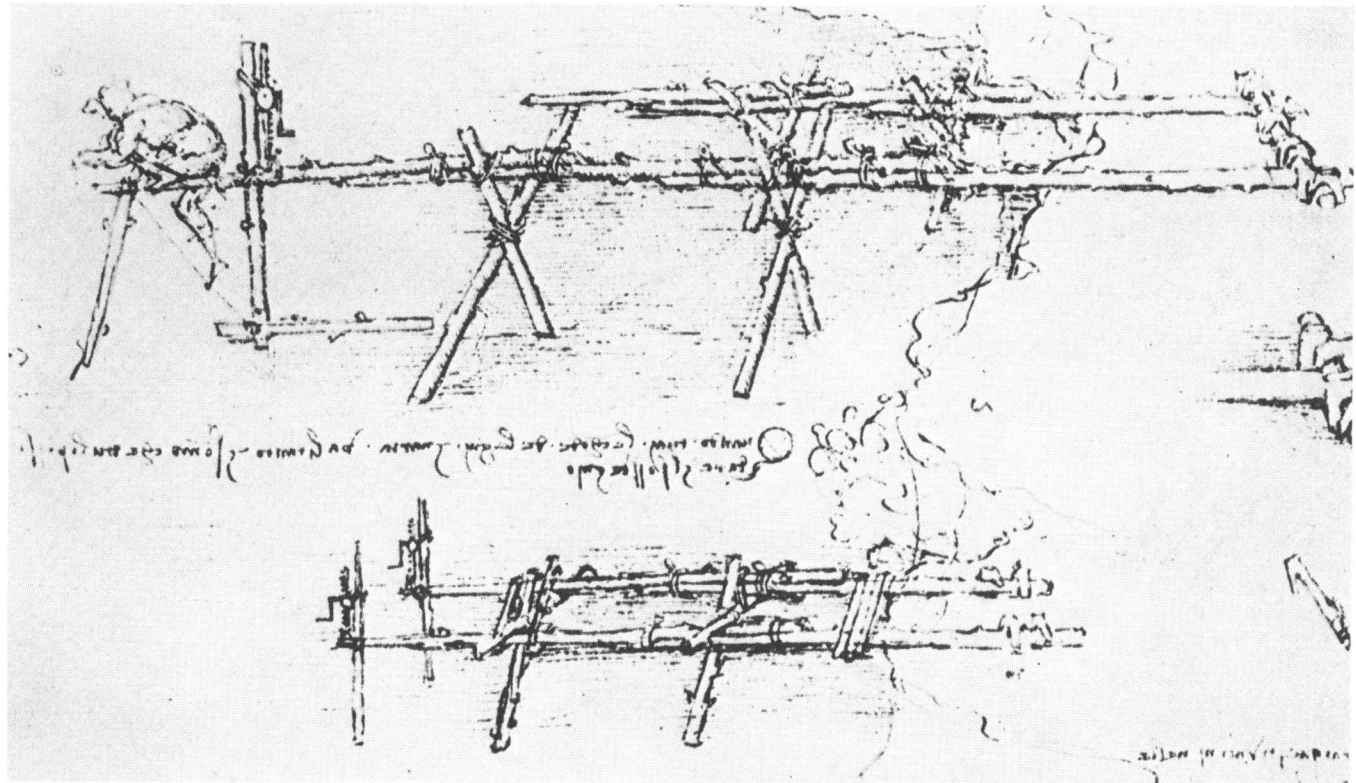

24. Oben: *Behelfsbrücke*
Unten: *Militärische transportable Brücke mit Winden*

In seinem berühmten Brief an Lodovico Sforza schrieb Leonardo: ›Ich habe Pläne für extrem leichte, dabei aber starke Brücken, die sich äußerst leicht befördern lassen und mit denen man den Feind verfolgen und jederzeit auch fliehen kann, und solche für andere, feste Brücken, die weder durch Feuer noch im Kampf zerstört und leicht und bequem abgebrochen und errichtet werden können.‹ Diese Entwürfe zeigen solche Brücken. Leonardos Erkenntnisse, die er bei der Gewölbekonstruktion über Belastungen und die entsprechende Festigkeit von Baumaterialien gesammelt hatte, kamen ihm beim Bau dieser auf Festigkeit angelegten Behelfsbogenbrücke zugute. Die transportablen Brücken sind durch Winden in der Höhe regulierbar, damit sich eine Brückenverbindung zwischen verschieden hohen Ufern schlagen läßt.

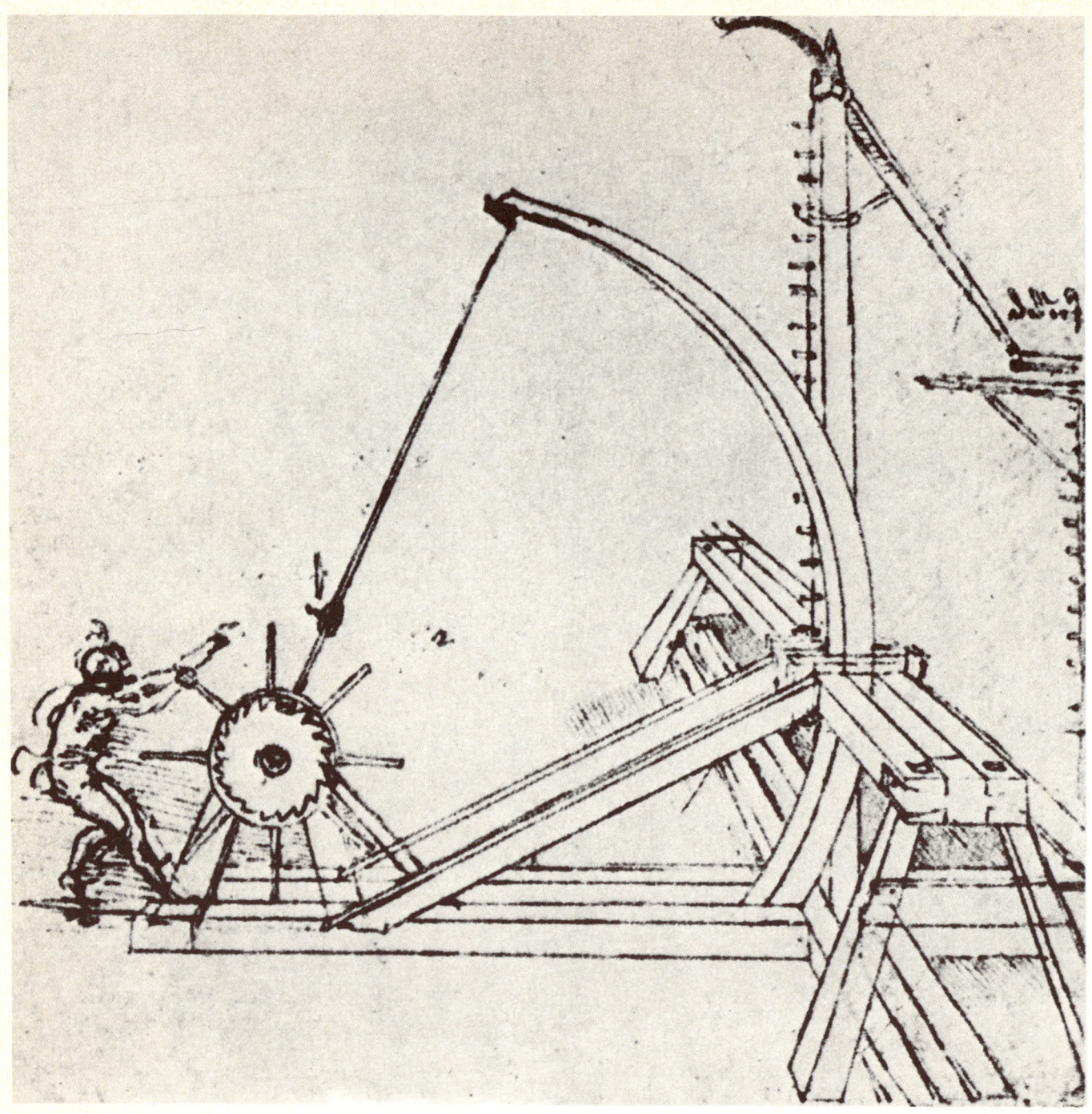

25. *Wurfmaschine mit gezahnter Sperre*

Da die primitiven Angriffswaffen zu Leonardos Zeit noch nicht völlig verschwunden waren, suchte er sie durch Einsatz seiner immensen Fähigkeiten zu verbessern, wenngleich seine Zeichnungen von Geschützen vielleicht eher unrealistisch, dafür um so faszinierender sind. Er griff die alten Formen der Wurfgeschütze, Schleuder- und Wurfmaschinen auf, entwickelte verschiedene arbeitsparende Mechanismen und schuf Entwürfe von Kriegsmaschinen, die zumindest ebenso wirksam gewesen sein dürften wie die zu seiner Zeit gebräuchlichen.

In dieser Zeichnung ist eine komplizierte, aber wirkungsvolle Wurfmaschine wiedergegeben, die den Vorzug hatte, daß sie leicht zu handhaben war. Ihre Reichweite wird relativ gering gewesen sein, aber andererseits waren die Geschütze leistungsschwach und schwer, und es war langwierig, sie zu laden. Diese Wurfmaschine war schnell zu laden, und zum Schutz gegen einen Überraschungs-

angriff konnte sie in geladenem Zustand belassen werden. Außerdem ließen sich auf einem kurzen Mauerabschnitt mehrere solcher Geschütze aufstellen, und man war nicht auf Schießpulver angewiesen.

Der Bedienungsablauf wäre folgendermaßen vor sich gegangen: Ein Mann erklomm die Leiter, um einen Stein oder ein Wurfgeschoß in die Vertiefung am konischen Ende des biegsamen Armes zu legen. Dieser wurde dann durch ein Seil gespannt, das eine von Hand getriebene Winde niederzog. Ein Zahnrad mit gezahnter Sperre – seitlich neben der Winde zu sehen – hielt den Arm in der Spannung niedergebogen, die für eine bestimmte Reichweite des Geschosses erforderlich war. Kam der Befehl zum Feuern, dann wurde der Bolzen herausgeschlagen, der in einem Verbindungsstück des Seils steckte. Besonders wirkungsvoll wäre es gegen eine in engem Verband anrückende Truppe gewesen.

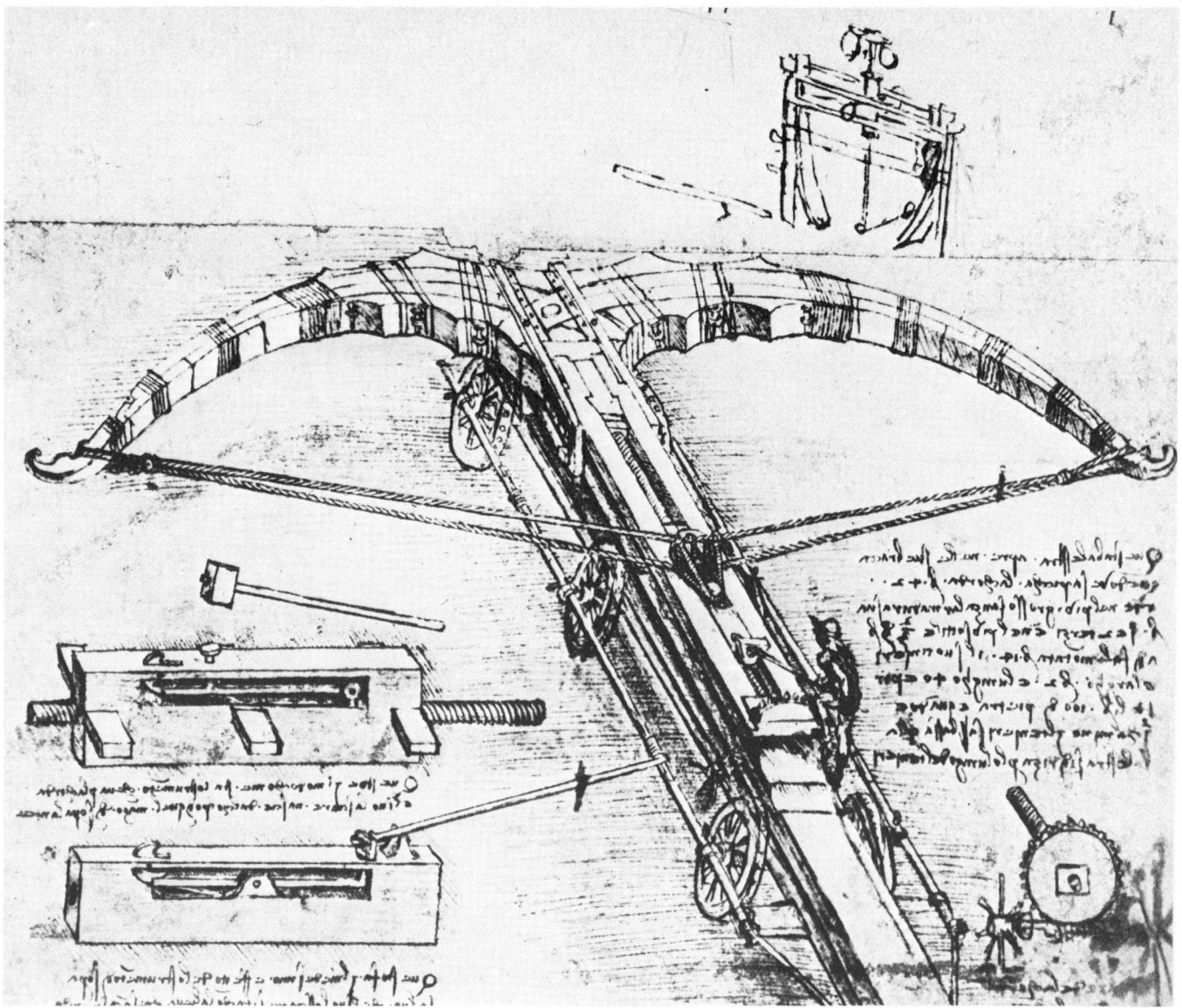

26. *Riesenarmbrust auf sechsrädrigem Fahrgestell*

Um die Wirksamkeit von Waffen, die seit Jahrhunderten bekannt waren, zu verbessern, entwarf Leonardo mechanisch betriebene Bogen und Katapulte. Bei diesem Entwurf sind die Neuerungen beträchtlich, das Geschütz hat gewaltige Ausmaße Fahrgestellänge Die Fahrgestellänge der Armbrust wird von Leonardo mit 40 Ellen (eine Elle entspricht 59,5 cm) angegeben, während der Bogen von einer Bogenspitze zur anderen mehr als 42 Ellen erreicht hätte.

Die Zeichnung ist ein gelungenes Beispiel graphischer Darstellung: Neben die detailliert gezeichnete Armbrust auf ihrem sechsrädrigen Fahrgestell setzt Leonardo rechts unten eine genaue Skizze der Ankerwinde und Kreuzlochschraube, die zum Spannen des Bogens dienen, während links neben der Hauptzeichnung zwei Alternativvorrichtungen zum Abfeuern angeboten werden.

Die Bogenkonstruktion zeigt weit fortgeschrittene Techniken, wenngleich eingewendet worden ist, daß der Bogen die Leistungskraft damaliger Geschützbauwerkstätten überstiegen hätte. Zur größeren Flexibilität der Bügel sollte der Bogen aus geschichtetem Holz zusammengebaut werden. Jeder Bügel bestand aus mehreren Einzelteilen, die durch kräftige Zugbänder aneinandergefügt wurden. Verlaschungen hielten die einzelnen Teile eines Bügels zusammen, während Schraubenbolzen und Eisenbänder sie im Winkel und untereinander verbanden. Die Bogensehnen wurden mittels einer Haltevorrichtung zurückgezogen, die auf einem Schraubengewinde saß, und das Geschoß konnte nach einem der beiden links dargestellten Verfahren ausgelöst werden. Bei dem oben gezeigten Mechanismus wird der Schuß durch Hammerschlag ausgelöst, während beim zweiten eine Verriegelung mittels einer Schaltklinke gelöst wird, wie in der Zeichnung dargestellt. Leonardo behauptete, daß dieser Auslösemechanismus geräuschlos arbeite.

Das ganze Geschütz wurde auf ein sechsrädriges Fahrgestell montiert, und zwar schrägstehend, um die Basis stabiler zu machen und um Erschütterungen zu verringern. Das Endstück des Fahrgestells war einklappbar und konnte in den Boden gerammt werden, um den Bogen vor Rückstoß zu bewahren.

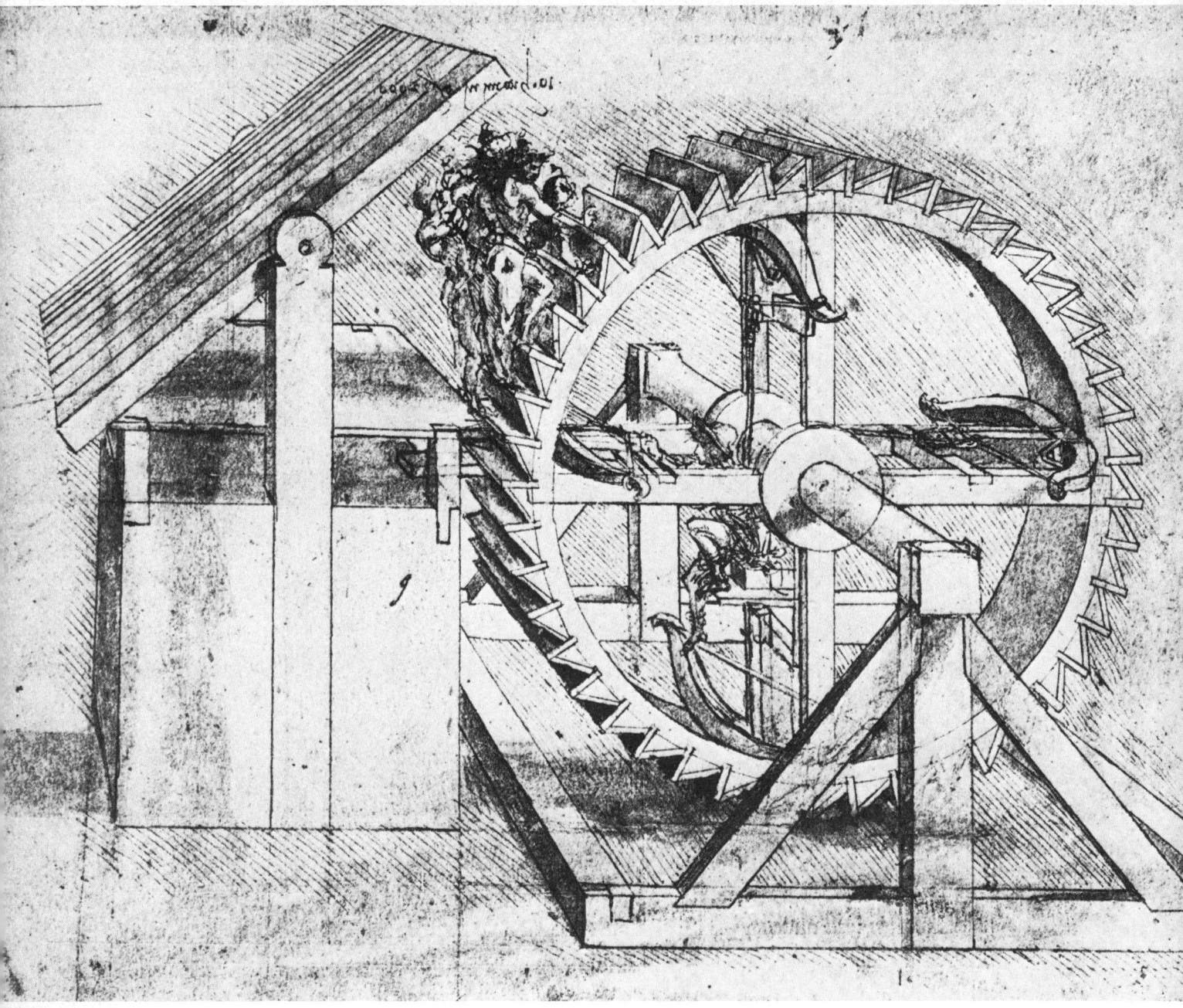

27. Oben und rechts oben: *Armbrust-Schnellfeuer-Mechanismus*

Bei diesem erstaunlichen Geschützmechanismus wurde das System des Maschinengewehrs auf die Armbrust angewandt. Die zeitraubende prozedur des Zielens und Ladens der schweren Vorderlader erschwerte den Einsatz von Geschützen zu Leonardos Zeit. Deshalb entwarf er Schnellfeuer-Feldgeschütze, daneben befaßte er sich aber auch mit Plänen, um herkömmliche Waffen schneller einsatzbereit zu machen.

Der Schütze befindet sich auf einem von der Achse niederhängenden Sitz in der großen Tretmühle, die durch mehrere Männer angetrieben wird, indem sie die Treppenstufen an der Außenseite des Rades niedertreten. Eine mächtige Schutzvorrichtung aus Holzbohlen schützt sie vor feindlichem Beschuß. An jeder der vier doppelten Radspeichen ist eine Armbrust befestigt, deren Bogensehnen sich durch das Drehen des Rades auf der feststehenden Achse der Tretmühle spannen. Der Schütze braucht nur jeweils bei der Armbrust den Schuß zu lösen, wenn das Rad den Punkt erreicht hat, an dem das Geschoß durch den Schlitz gefeuert werden kann, der sich links unterhalb der Plattform für die das Rad

Tretenden befindet. Wahrscheinlich wurde das Rad angehalten, damit der Schütze seine Waffe an der Latte ausrichten konnte, die unterhalb der zu feuernden Armbrust aus der Tretmühle herausragt. Neben der Hauptzeichnung findet sich eine zweite kleinere Skizze; wahrscheinlich handelt es sich um eine Vorstudie, um die Bewegungen der Tretmühle, der Läufer und des Schützen festzuhalten.

28. Rechts unten: *Geschoß mit Leitflächen*

Dieses bedrohlich aussehende Geschoß sollte wahrscheinlich von einem Katapult abgeschossen werden, das zu den ältesten Belagerungswaffen gehört, doch es erinnert an eine hochexplosive Granate neuerer Zeit. Somit stellt es in der Geschichte der Kriegstechnik sowohl einen Rückblick als auch einen Blick in die Zukunft dar. Nur Leonardo vermochte Altes und Neues in dieser Weise miteinander zu verbinden.

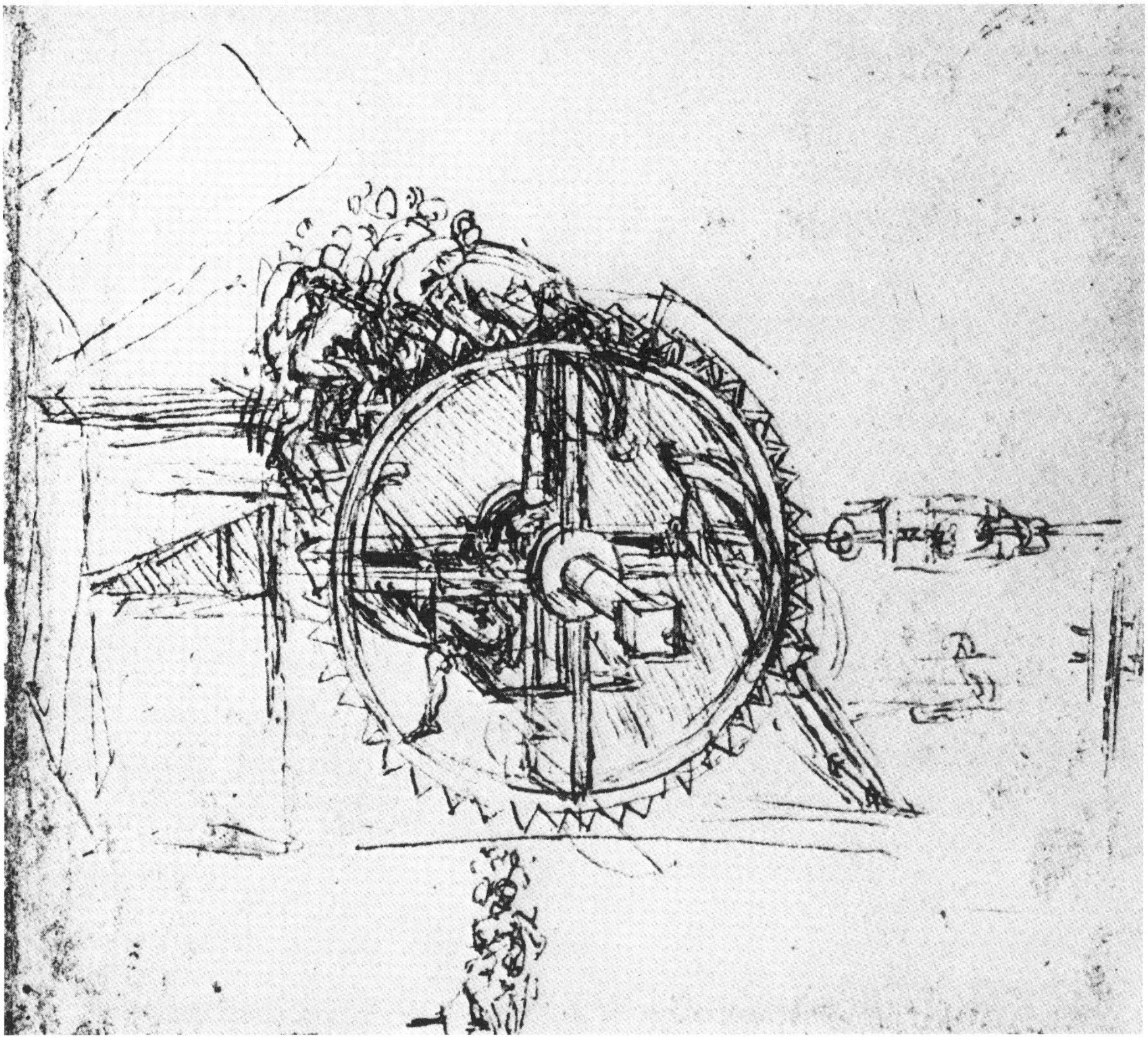

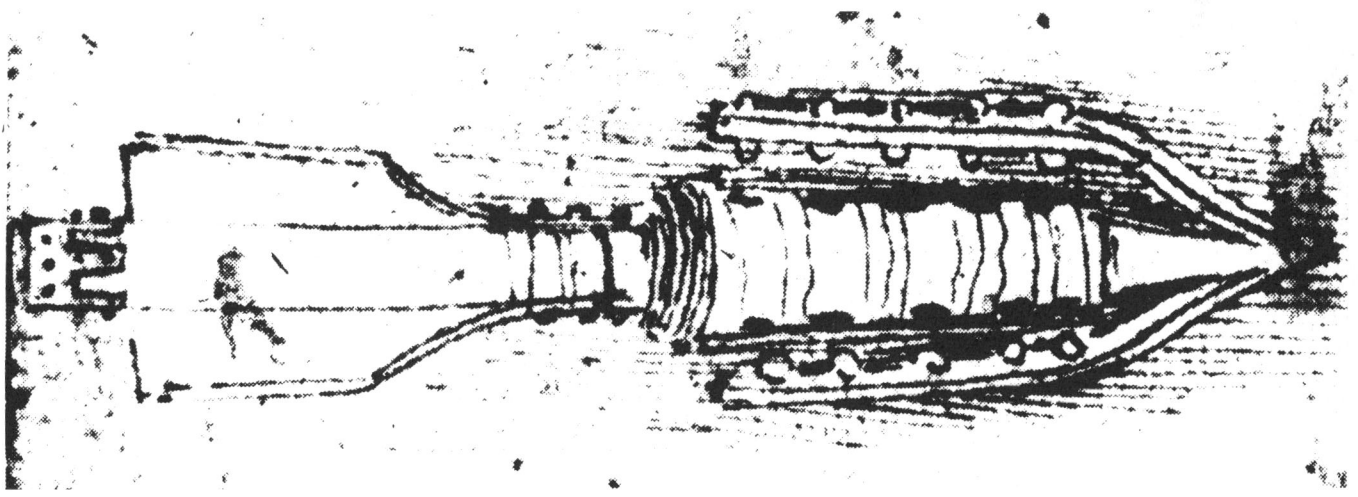

Leonardo lebte in einem Zeitalter, in dem Schießpulver zum Abfeuern grober Kanonenkugeln aus schlecht gegossenen Geschützrohren diente; dieses Geschoß dagegen trägt zwei breite Leitflächen an seinem Ende zur Richtungsstabilisierung. Beim Aufprall schlugen die Bolzen an den zwei von der Spitze des Geschosses zurückspringenden ›Hörnern‹ in Löcher im Rumpf und zündeten das Pulver im Innern des Geschosses. Sprenggeschosse wurden in den Napoleonischen Kriegen nach 1800 verwen-

det, doch es scheint, Leonardo hatte bereits 300 Jahre zuvor viele ihrer Merkmale gefunden, als man für ihren Einsatz noch gedrehte Seile und gespannte Bogen benötigte.

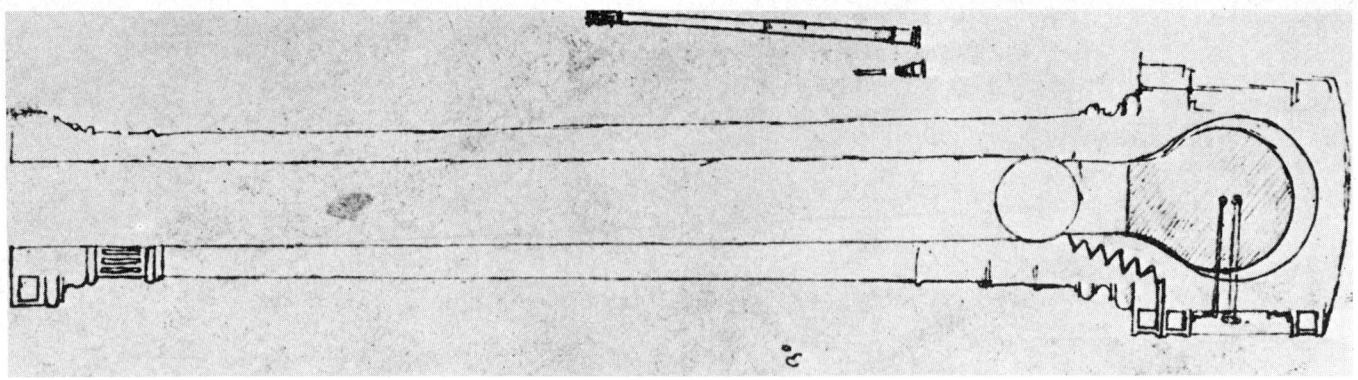

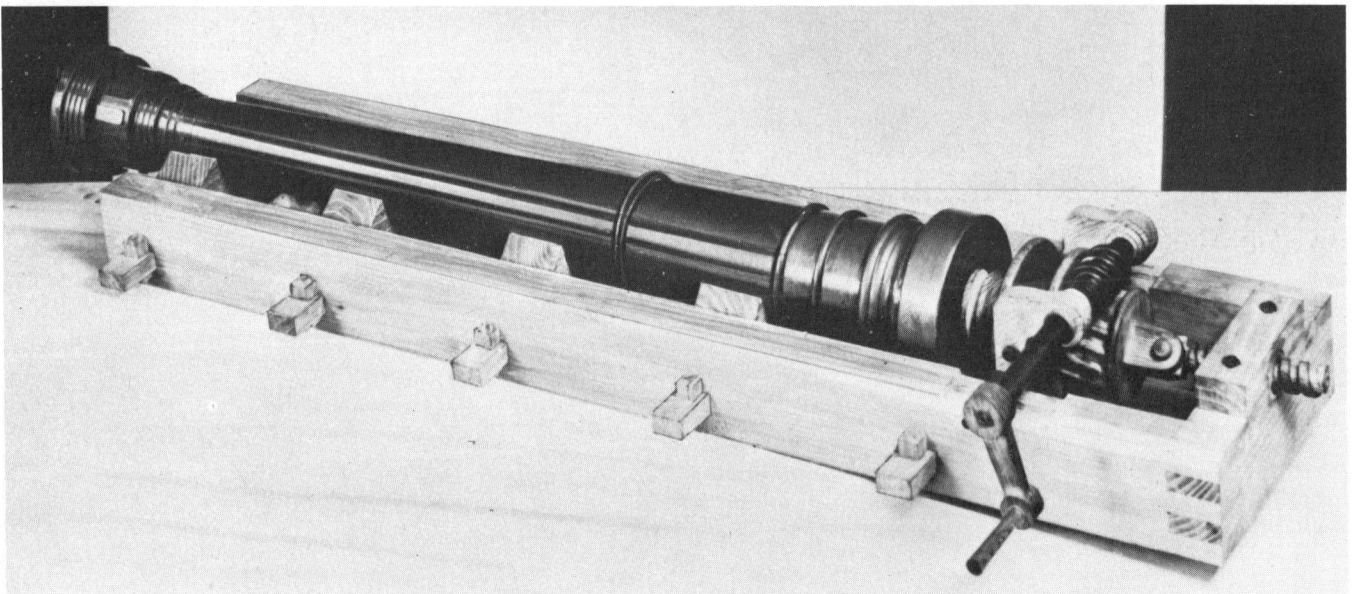

29. Oben: *Hinterladekanone*
Mitte: *Erste Batterie, Yorktown im Staate Virginia. 1862*
Unten: *Modell einer Hinterladekanone*

Leonardos Konstruktionszeichnungen für Geschütze sind seiner Zeit weit voraus. Sie scheinen eher der Zeit ab 1850 anzugehören als dem späten 15. und frühen 16. Jahrhundert: diese Zeichnung ist dafür ein treffliches Beispiel.

Die um 1500 gebräuchliche Kanone war ein einfacher Eisen- oder Bronzeguß; sie besaß ein kurzes Rohr mit kleinem Kaliber und geringer Reichweite. Die runden Kanonenkugeln paßten unge- fähr. Da das Rohr in einem Stück gegossen war, blieb der Ver- schlußteil geschlossen, und das änderte sich erst, als das Waffen- schmieden im 19. Jahrhundert aufkam. Folglich waren die Ge- schütze von Waterloo und Trafalgar Vorderlader vom gleichen

Typ wie zu Leonardos Zeit. In seinen Aufzeichnungen über Artille- rie sucht man dagegen vergeblich nach Entwürfen für die in einem Stück gegossenen Vorderlader: Er sah den Tag kommen, da es richtige, exakt gebaute Kanonen geben würde, die in Form eines an beiden Enden offenen Rohres und mit einem gesonderten Ver- schlußblock gebaut würden.

Obwohl die Zeichnung ohne Kommentar im *Codex Atlanticus* erscheint, ist eindeutig ein gesonderter Verschlußblock mit großem Pulverraum erkennbar. Er ist mit einem kegeligen Gewinde in das Rohr eingepaßt und konnte deshalb zum modernen Laden von hinten abgenommen werden.

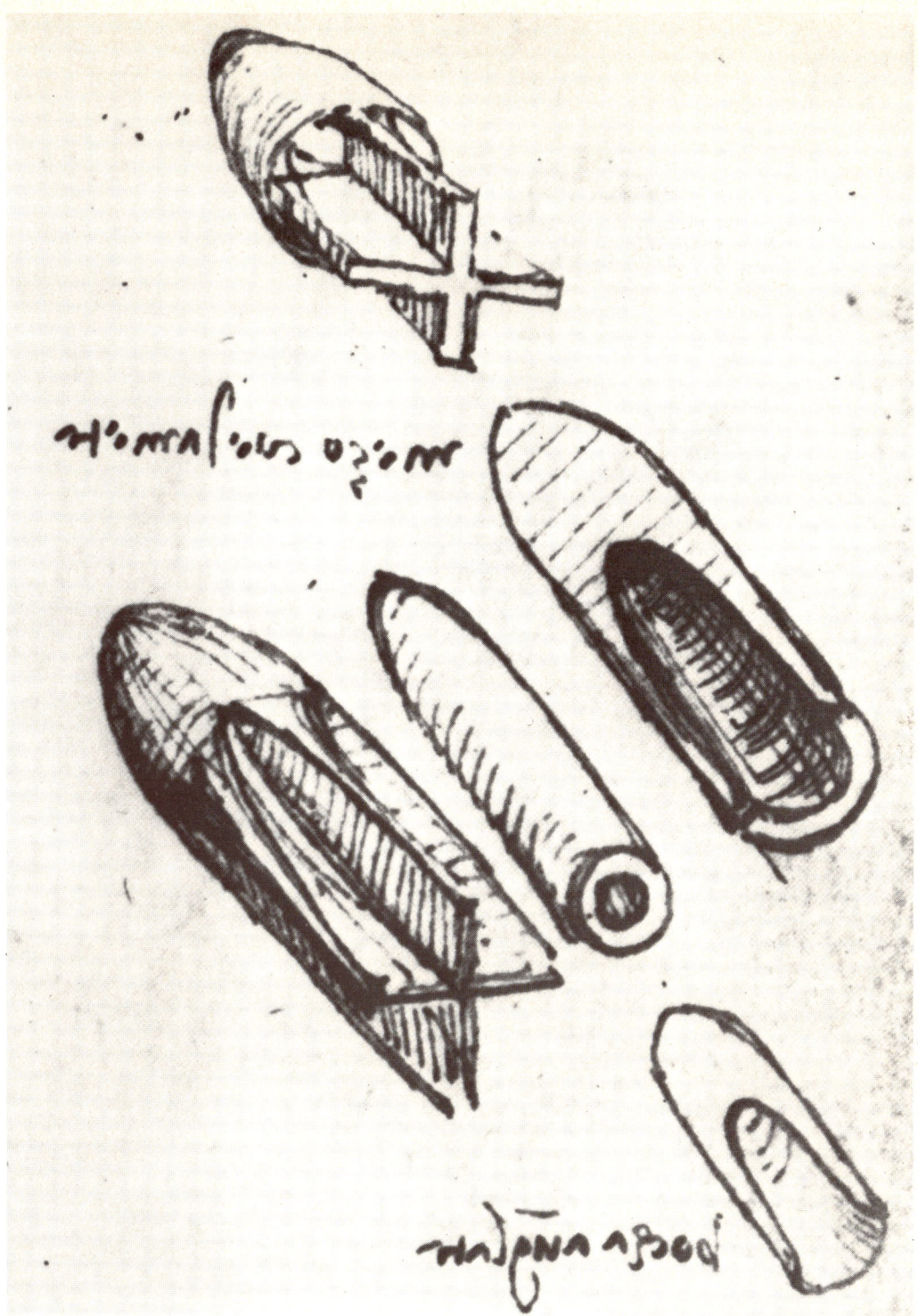

30. *Projektil in Stromlinienform mit Stabilisie-rungsflügeln*

Wollte Leonardo die Geschützkonstruktion ver-bessern, so mußte er sich auch den Geschossen zuwenden. In den militärischen Abhandlungen nahm man noch bis Ende des 17. Jahrhunderts an, die Flugbahnen von Kanonenkugeln ließen sich als zwei gerade, durch ein kurzes gebogenes Stück verbundene Linien darstellen, zu denen die zweite gerade Linie senkrecht verlaufe. Bei seinen Studien der von Wasserstrahlen beschriebenen Kurven kam ihm der Verdacht, daß die verform-ten parabolischen Kurven der Geschosse durch den Luftwiderstand verursacht würden. Eine ma-thematische Lösung der durch Luftwiderstand hervorgerufenen ballistischen Kurve zu finden, war ihm nicht vergönnt (dies gelang erst Newton 1687), doch zeichnete er aufgrund seiner Erkennt-nisse stromlinienförmige Geschosse mit Stabili-sierungsflügeln zur Verringerung des Luftwider-standes.

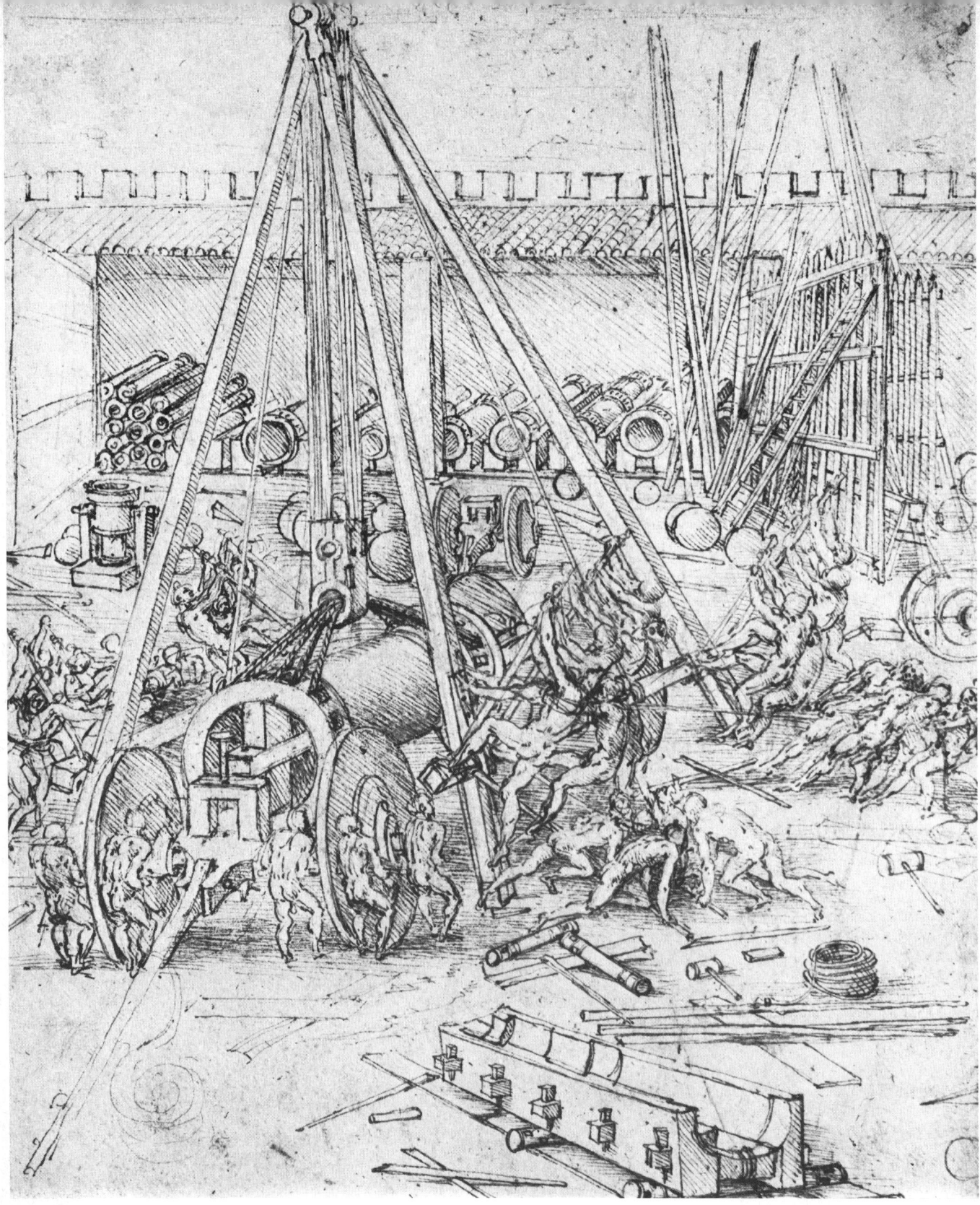

31. *Kanonengießerei*

Diese bekannte Federzeichnung stellt die vielfältigen Arbeiten in einer Kanonengießerei dar, bei denen eine mächtige Kanone auf ihre Lafette zu heben ist. Während sich zahlreiche Männer abmühen, die Kanone mit Hebewerkzeugen und Seilen hochzustemmen, schieben andere die Lafette unter die schwebende Kanone.

Obwohl die Zeichnung wegen der eingefangenen Betriebsamkeit sehr reizvoll ist, enthält sie kaum etwas technisch Originelles. Sie vermittelt jedoch eine Vorstellung von den gegen Ende des 15. Jahrhunderts gebräuchlichen Zug- und Hebemethoden. Bei den

Arbeiten im Vordergrund werden Scherenkran, Flaschenzug und Blockrolle sowie lange Hebestangen verwendet. Im Hintergrund erscheint ein wohlgeordnetes Warenlager: unter dem Schutz eines Daches lagern säuberlich geschichtete Rundhölzer, Kanonenkugeln und Geschützrohre verschiedenen Kalibers.

Die Zeichnung entstand vermutlich um 1487, als sich Leonardo in den Gießereien von Mailand aufhielt, auf der Suche nach neuen Gußverfahren zur Herstellung einer gewaltigen Reiterstatue, die Lodovico Sforza zu Ehren seines Vaters bei ihm in Auftrag gegeben hatte. Vielleicht war die Skizze als Titelblatt für ein Buch gedacht.

32. Oben: *Einmann-Kleinkriegsschiff und andere Neuerungen im Geschützwesen*
Unten: *Schnellboot. 1940*

Handfeuerwaffen kamen Ende des 13. Jahrhunderts nach Europa, und seit Anfang des 14. Jahrhunderts verwendete man Pulver-schußwaffen. 1350 waren Kanonen in der Kriegführung nichts Ungewöhnliches mehr, und nachdem gegossene Geschützrohre die älteren genieteten, gelöteten oder geschweißten ersetzt hatten, wur-den die Geschütze größer und schwerer und sehr schwerfällig – Anfang des 15. Jahrhunderts wogen sie bis zu 600 Pfund. Dieser Umstand bewog Leonardo dazu, Entwürfe für leichter bewegliche und schneller zu ladende und zu feuernde Geschütze auszuarbei-ten. Leonardo schlägt in dieser Zeichnung zwei Geschütze mit Fernsteuerung vor, einen Mechanismus zum Abfeuern mehrerer Geschosse gleichzeitig und ein bemanntes kleines Kriegsschiff. Die beiden Geschütze am oberen Rand des Blattes sollten an das Ende langer Rundhölzer montiert werden. Das obere Geschütz wird mittels Zünder an einem Hebel, der durch einen langen Strick zu betätigen ist, gefeuert, während das untere durch ein langes Rohr mit Pulver neu geladen wird. Darunter ist ein Zündsatz zum Feuern eines sechsläufigen Geschützes gezeichnet.

Den größten Teil des Blattes nimmt das kleine Kriegsschiff ein, dessen kastenförmiger Mörser auf eine drehbare Plattform montiert ist, die auf ein kleines Boot gebaut wurde. Das Kriegs-schiff hat als Besatzung nur einen Mann an Bord: den Steuermann. Der Mörser verschießt ein Griechisches Feuer aus Brandkugeln, mit denen feindliche Schiffe in Brand gesteckt werden sollten. In der Konzeption ist es den Schnellbooten des Zweiten Weltkrie-ges nicht unähnlich. In Leonardos Werk finden sich an anderer Stelle Entwürfe für Brandbomben und sein eigenes Rezept zur Pulverherstellung – bei seinem Lieblingsrezept waren die Pulverbe-standteile mit Brandy zu befeuchten und in der Sonne zu trocknen'

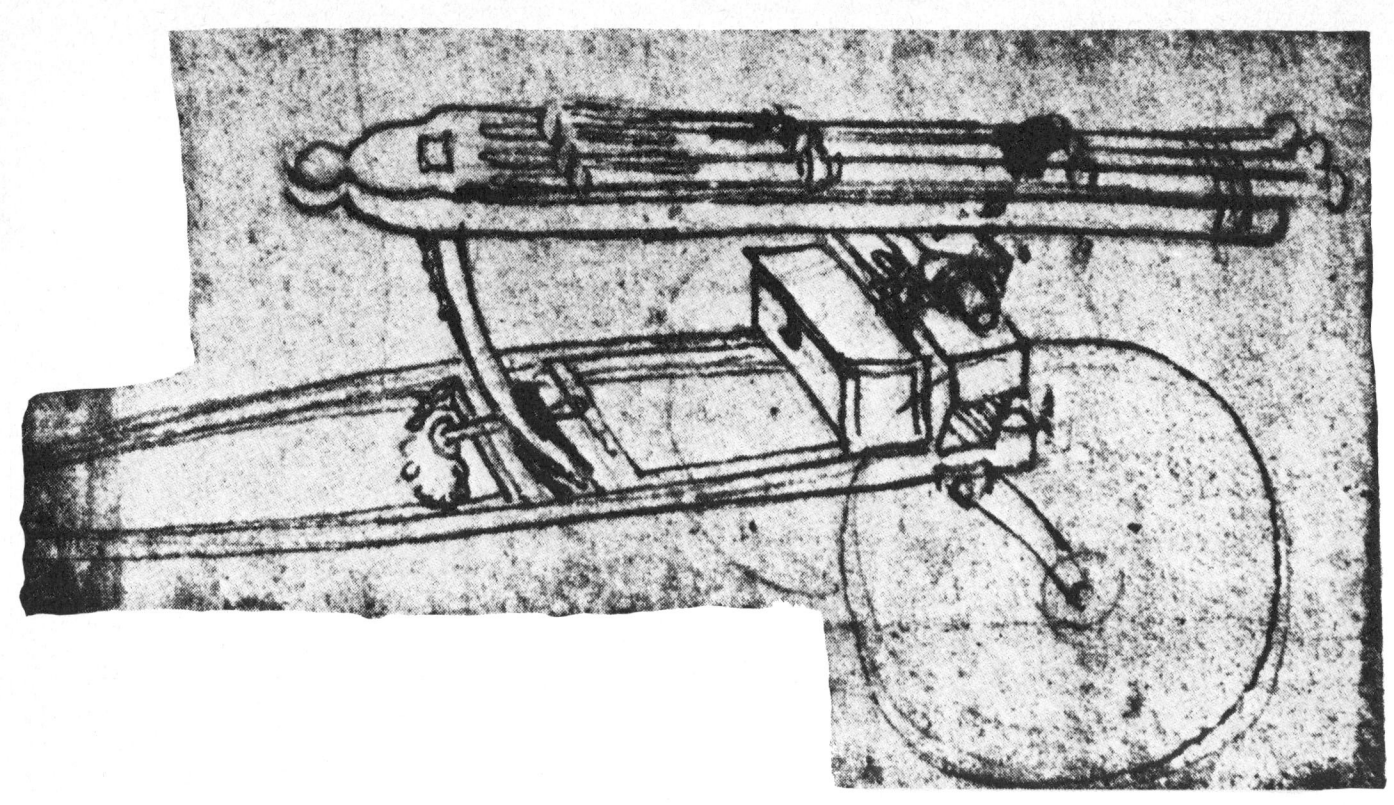

33. Links oben: *Leichtes Feldgeschütz mit drei Rohren*
Links unten: *Modell einer Lafette*
Oben: *Revolverkanone*

Zu Leonardos Zeit waren Kanonen hauptsächlich bei Belagerungen im Einsatz, da sie von festen Stellungen aus operieren konnten (für einen raschen Stellungswechsel waren sie zu schwer), und vermochten trotz ihrer geringen Reichweite Schaden anzurichten. Im Felde dauerte das Laden und der Stellungswechsel zu lange, und schon beim geringsten Rückzug fielen die Geschütze in die Hand des Feindes, da es zu gefährlich war, sie aus einer anderen als der Kampffront-Gefechtsstellung heraus abzufeuern. Aus diesem Grund versuchte Leonardo die Mängel der zu seiner Zeit üblichen Kanone zu beheben, indem er leichtbewegliche und schnell zu feuernde Feldgeschütze entwickelte.
Ohne Zweifel ist hier, Jahrhunderte vor der Erfindung der Dampfmaschine, gezeigt, wie sich die Dehnungskraft des Dampfes einsetzen ließe. Abgebildet ist ein neueres Modell der Dampfkanone.

Diese Zeichnung zeigt ein Geschütz, das im Bau der Revolverkanone ähnelt. Es ist auf Räder montiert, besitzt drei Hinterladerohre, die Rohrneigung erfolgt mittels Stangentriebwerk, und unterhalb der Rohre befindet sich eine große Kiste für Geschosse. Das ganze Geschütz scheint eher für den Amerikanischen Bürgerkrieg als für eine 300 Jahre frühere Zeit typisch zu sein.

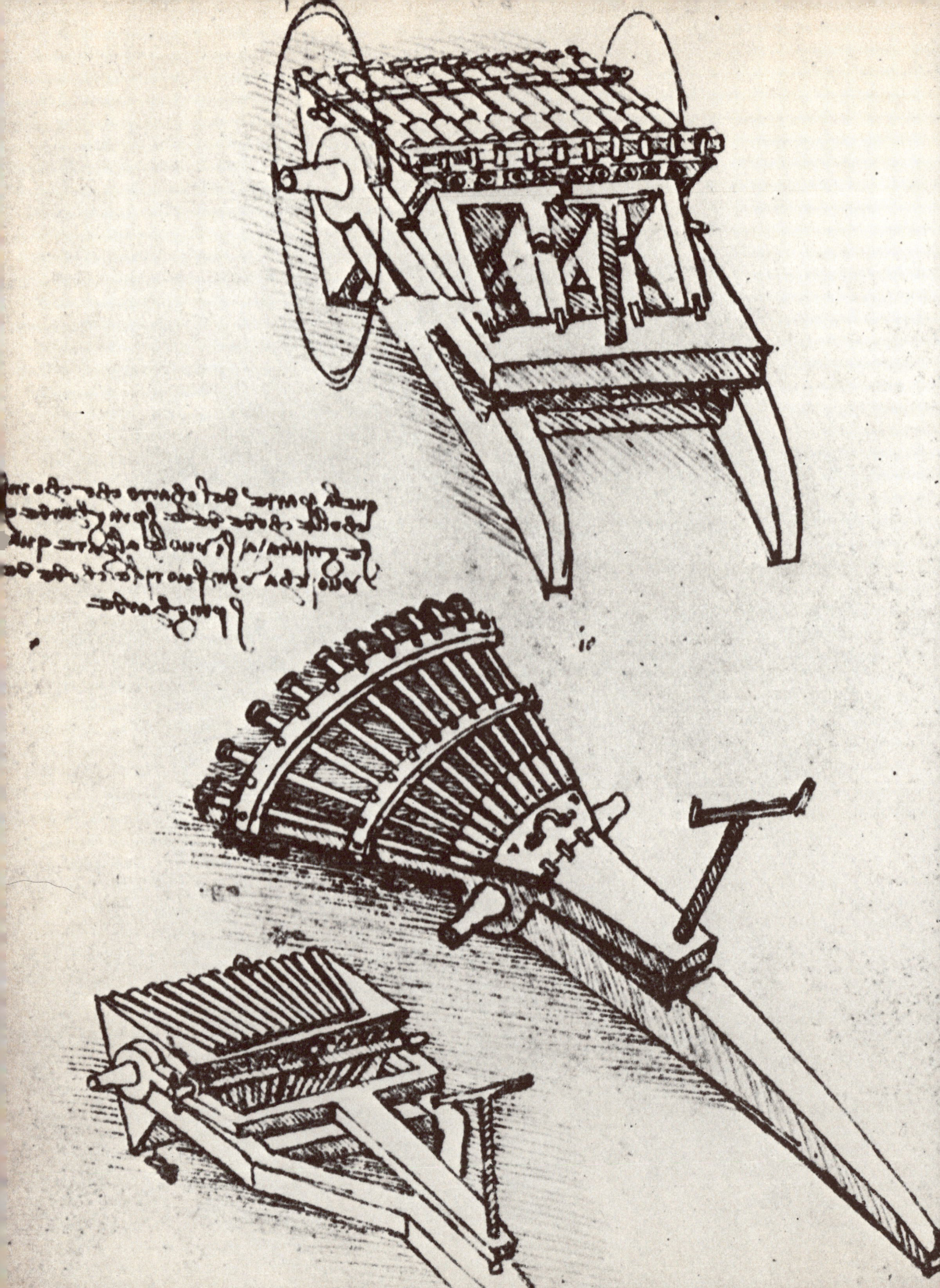

34. Links: *Orgelgeschütz*
Oben: *Modell eines Orgelgeschützes*

Die Idee zu einem Orgelgeschütz war nicht gänzlich Leonardos
eigene. Der Deutsche Konrad Keyser hatte solch ein Geschütz
schon 1405 gezeichnet, aber mit der Betonung von Leichtigkeit
und Schnelligkeit der Handhabung ist Leonardos Entwurf dagegen
viel erfindungsreicher und verweist eher auf die Kriegstechnik des
Amerikanischen Bürgerkrieges.

Wie bei der Revolverkanone und dem Maxim-Gewehr war das
Prinzip einfach. In der oberen und unteren Zeichnung sind drei
Reihen aus elf und vierzehn Kanonen dreieckförmig auf die drehbare Achse der Lafette montiert. Während die in Schußposition
befindliche Reihe abgefeuert wurde, konnten die Kanoniere die
zweite Reihe in Schußstellung bringen. Die dritte Reihe wurde
neu geladen, während die erste abkühlte. Bei allen drei Batterien
war die Rohrneigung durch Schraubenheber regulierbar. Die mittlere Zeichnung zeigt eine einzige Reihe von Geschützen, die eine
breite Streuung der Geschosse ermöglichte. In jedem Fall muß
Leonardo an die Möglichkeit gedacht haben, aus allen Rohren
gleichzeitig zu feuern, da sich unter seinen Entwürfen für Geschütze Zeichnungen von Mehrfach-Zündsätzen finden.

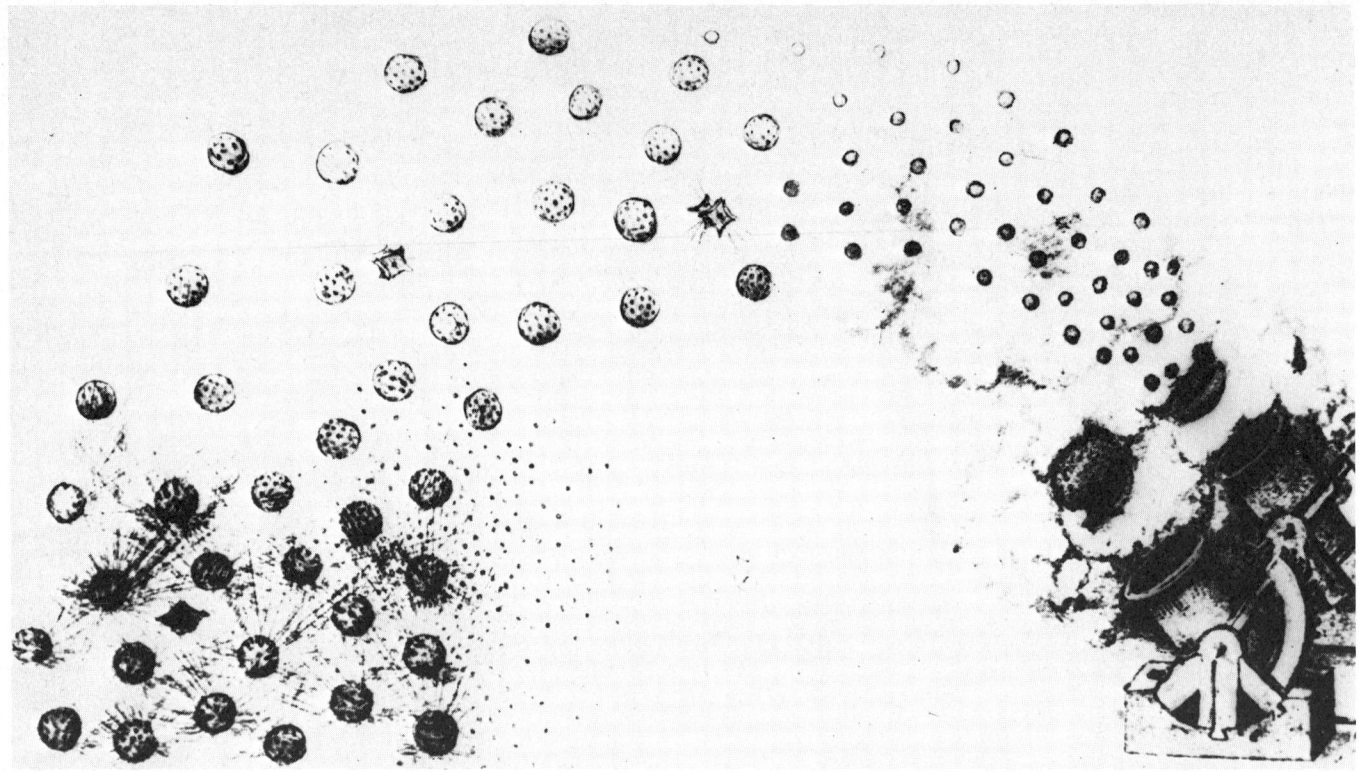

35. Oben und rechts unten: *Mörser mit Sprenggeschossen*
Links unten: *Der im Amerikanischen Bürgerkrieg eingesetzte Mörser ›Dictator‹. 1865*

Um Schnell- und Streufeuer zu erzielen, die noch tödlicher wirkten als seine Mehrfeuer-Geschütze, entwarf Leonardo Bombarden und Feuerkugeln. Die Mörser sehen denen, die um die Mitte des 19. Jahrhunderts entwickelt und im Amerikanischen Bürgerkrieg und als Bombarden auf Kriegsschiffen eingesetzt wurden, verblüffend ähnlich. Aus Leonardos Zeichnung geht hervor, daß die Rohrneigung der Mörser mittels Handkurbel durch die Zahnsegmente erfolgte.

Vermutlich noch interessanter als die Bombarden selbst sind die Schrapnell-Granaten, die Leonardo für dieses Kriegsgerät ent-

warf. Ihre tödliche Wirkung ist klar veranschaulicht: der Mantel der großen Außenkugel hat Fugennähte, die beim Austritt aus dem Mörser platzen und die kleinen Kugeln freisetzen. Diese sind durchlöchert, so daß sie beim Aufprall explodieren und ihre Schrapnelladung verstreuen. Sobald einer der kleinen Sprengsätze explodierte, wurden die anderen verstreut und feuerten, ›innerhalb einer Zeitspanne, die für ein Ave Maria nötig war‹, wie Leonardo schrieb.

36. Oben: *Dampfkanone*
Unten: *Modell einer Dampfkanone*

Leonardo war die Dampfkraft als mechanische Antriebsquelle bekannt, und er experimentierte mit ihr. Im *Manuskript B*, das sich hauptsächlich mit militärischen Fragen befaßt, finden sich mehrere Zeichnungen einer Dampfkanone, für die Leonardo den Namen ›*Architronito*‹ erfand. Sie war aus Kupfer zu bauen und sollte durch plötzliche Dampfzufuhr eine Eisenkugel aus dem Geschützrohr treiben. Der Verschlußteil der Kanone war in eine Art Kohlenpfanne eingebaut, deren Kohlenfeuer ihn stark erhitzte. Sodann wurde etwas Wasser in die dem Pulverraum entsprechende Kammer hinter der Eisenkugel gegossen. Sogleich verwandelte sich das Wasser in eine mächtige Dampfsäule, durch welche die Kugel mit donnerndem Getöse aus dem Rohr getrieben wurde. Durch Schraubventile wurde die Wasserzufuhr reguliert.

Da Leonardo Zahlen nennt, wie weit die *Architronito* Kanonenkugeln eines bestimmten Gewichts schleudern würde, ist anzunehmen, daß ein solches Geschütz tatsächlich gebaut wurde, viele Jahre vor der Dampfkanone des Amerikanischen Bürgerkrieges. Ohne Zweifel ist hier, Jahrhunderte vor der Erfindung der Dampfmaschine gezeigt, wie sich die Dehnungskraft des Dampfes einsetzen ließe. Abgebildet ist ein neueres Modell der Dampfkanone.

Maschinenelemente

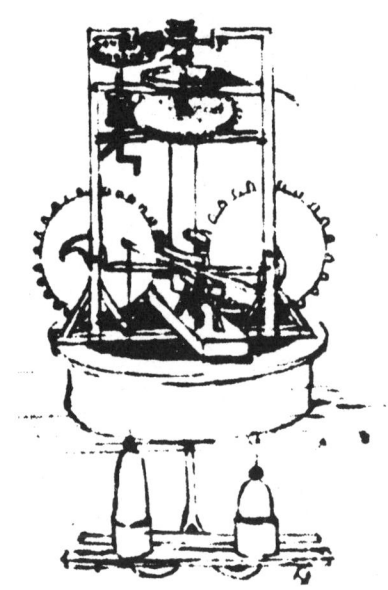

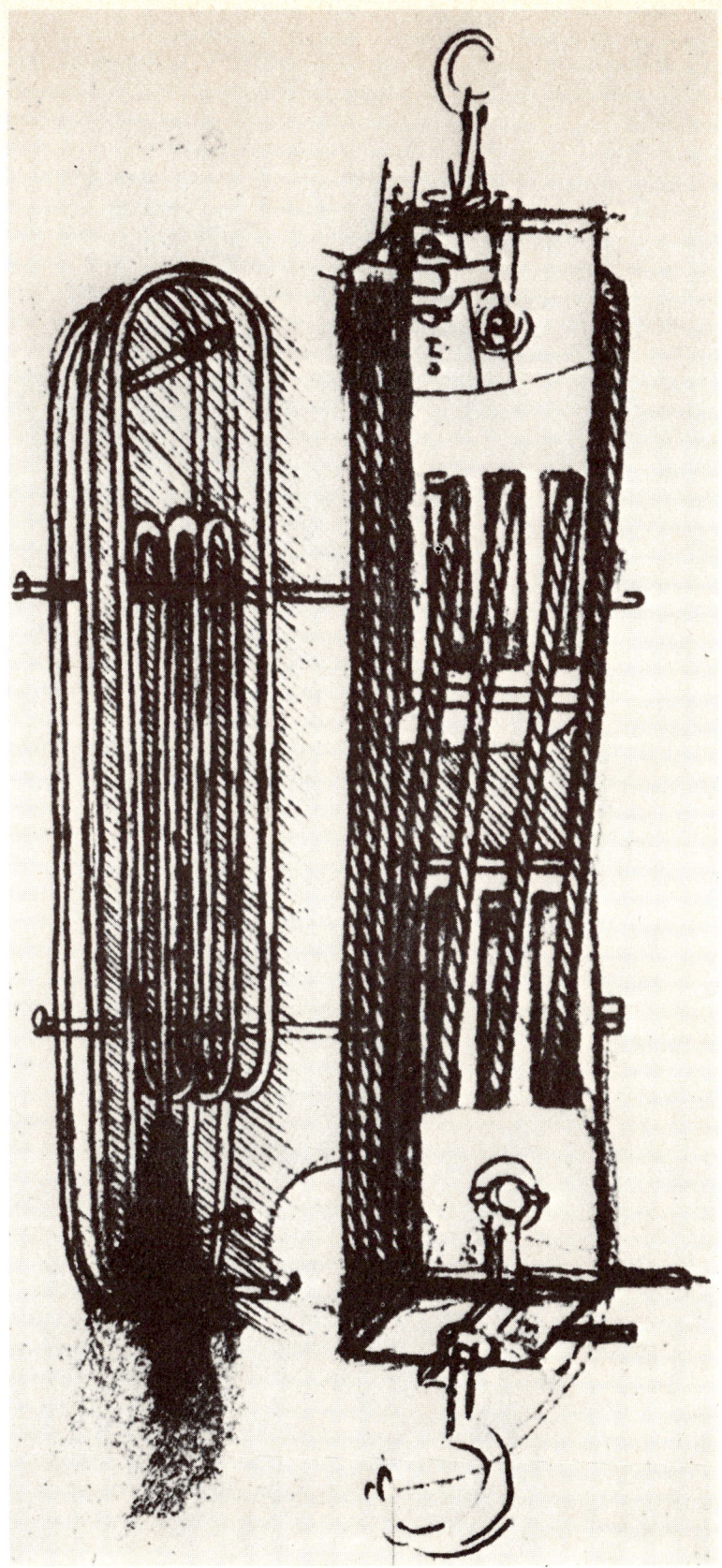

37. *Flaschenzug um die Spannung von Seilen zu messen*

Der *Codex Atlanticus* enthält unzählige Studien von Flaschenzügen und Block-
rollen, nicht weil Leonardo nach wirksameren Methoden zum Heben schwerer
Lasten suchte, sondern weil ihn Kraft als theoretischer Begriff interessierte.
Seile, durch feststehende oder bewegliche Flaschenzüge gezogen, waren die
Versuchsobjekte, mit denen er das Problem der Kräftezerlegung in zwei oder
mehr Richtungen zu lösen suchte.

38. Oben: *Seilmaschine*

Leonardos Ausführungen auf dem Gebiet der Textilmechanik sind beträchtlich. Er ersann Beschneidemaschinen, Schermaschinen, automatische Spindeln und die hier abgebildete Seildrehmaschine. Seine Schöpfungen nahmen viele Erfindungen der Industriellen Revolution vorweg.

Im *Codex Atlanticus* finden sich zwei Entwürfe für Seilmaschinen. Dies ist die kompliziertere, die gleichzeitig 15 Litzen spinnt und verdreht. Gleichmäßig gesponnene Seile waren Voraussetzung für Leonardos Experimente, um mittels Blockrollen und Flaschenzügen die Spannung von Seilen zu messen.

39. Links unten: *Zahnstangenwinde (Hebebock)*
Rechts unten: *Modell einer Zahnstangenwinde*

Es heißt, hätte es zu Leonardos Zeit Dosen gegeben, so hätte er sicherlich den Dosenöffner erfunden. Diese Zeichnung vermittelt den Eindruck eines modernen Wagenhebers. Die Vorrichtung besteht aus einem Kurbelgriff, einem Untersetzungsgetriebe und einer Zahnstange. Ein solcher Mechanismus konnte zu Leonardos Zeit vielfältig eingesetzt werden. Es läßt sich aber schwer sagen, ob die Zeichnung ein gebräuchliches Maschinenteil wiedergibt, oder ob es sich um eine Erfindung Leonardos oder um eine Veränderung von etwas Bestehendem handelt.

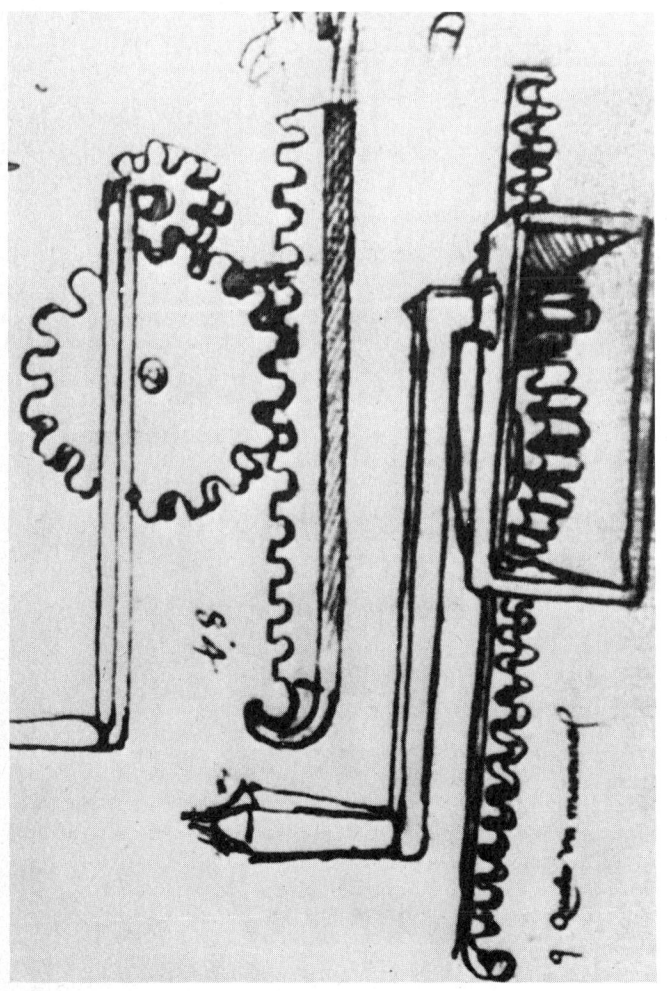

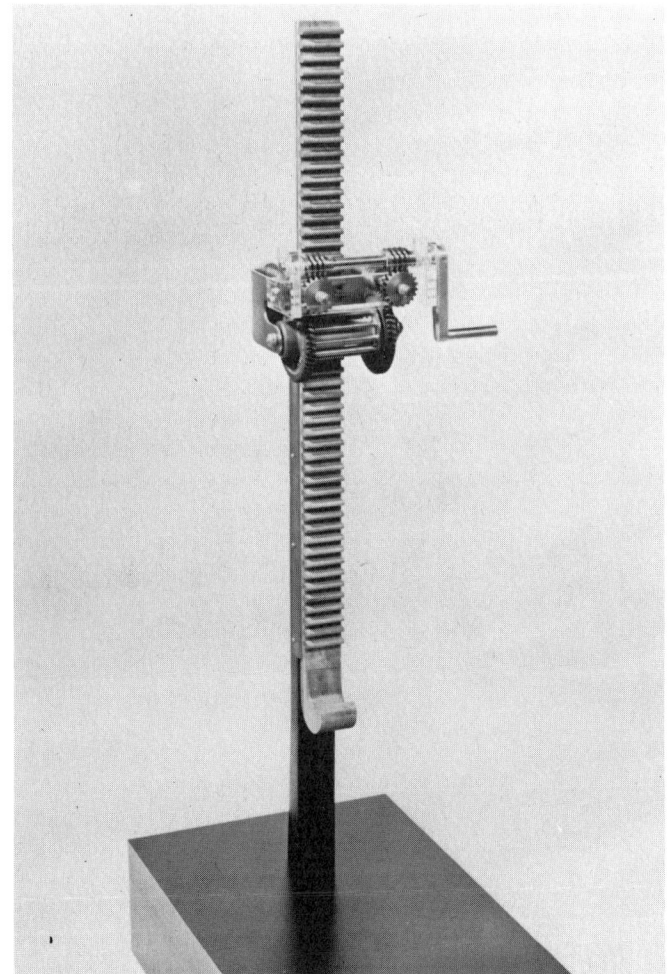

50

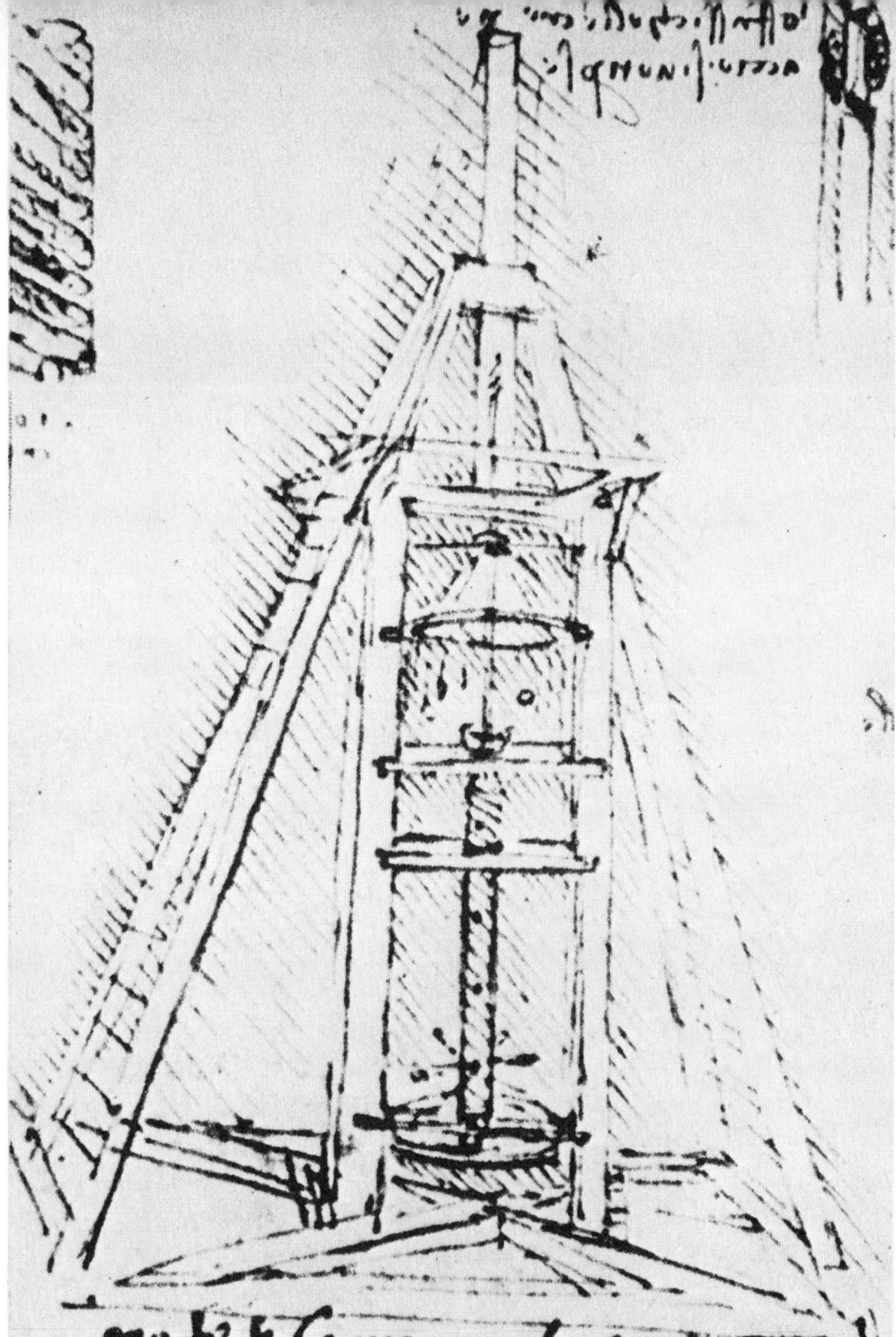

40. *Vertikal-Bohrmaschine*

Leonardo befaßte sich eingehend mit Entwürfen für Bohrmaschinen. Auf diesem Blatt zeichnete Leonardo eine senkrecht arbeitende Bohrmaschine, mit der Holzrohrleitungen hergestellt werden sollten. Der zu durchbohrende Stamm wird fest und in vertikaler Richtung in das Maschinengestell eingespannt, während sich das Bohreisen von unten her aufwärts bewegt, das mittels einer Ankerwinde gedreht und durch ein Gewinde hochgeschoben wird. Durch diesen Einfall, von unten nach oben zu bohren, gelang es, das Bohrloch von dem sich bildenden Sägemehl freizuhalten. Leonardo mit seinem scharfen Blick fürs Detail versah den Mittelschaft mit einem kegelförmigen Schutzdach, um die an der Bohrmaschine stehenden Männer vor dem Sägemehl zu schützen. Ungefähr 300 Jahre später, 1798, entwickelte der Dresdner Ingenieur Peschel eine solche Bohrmaschine.

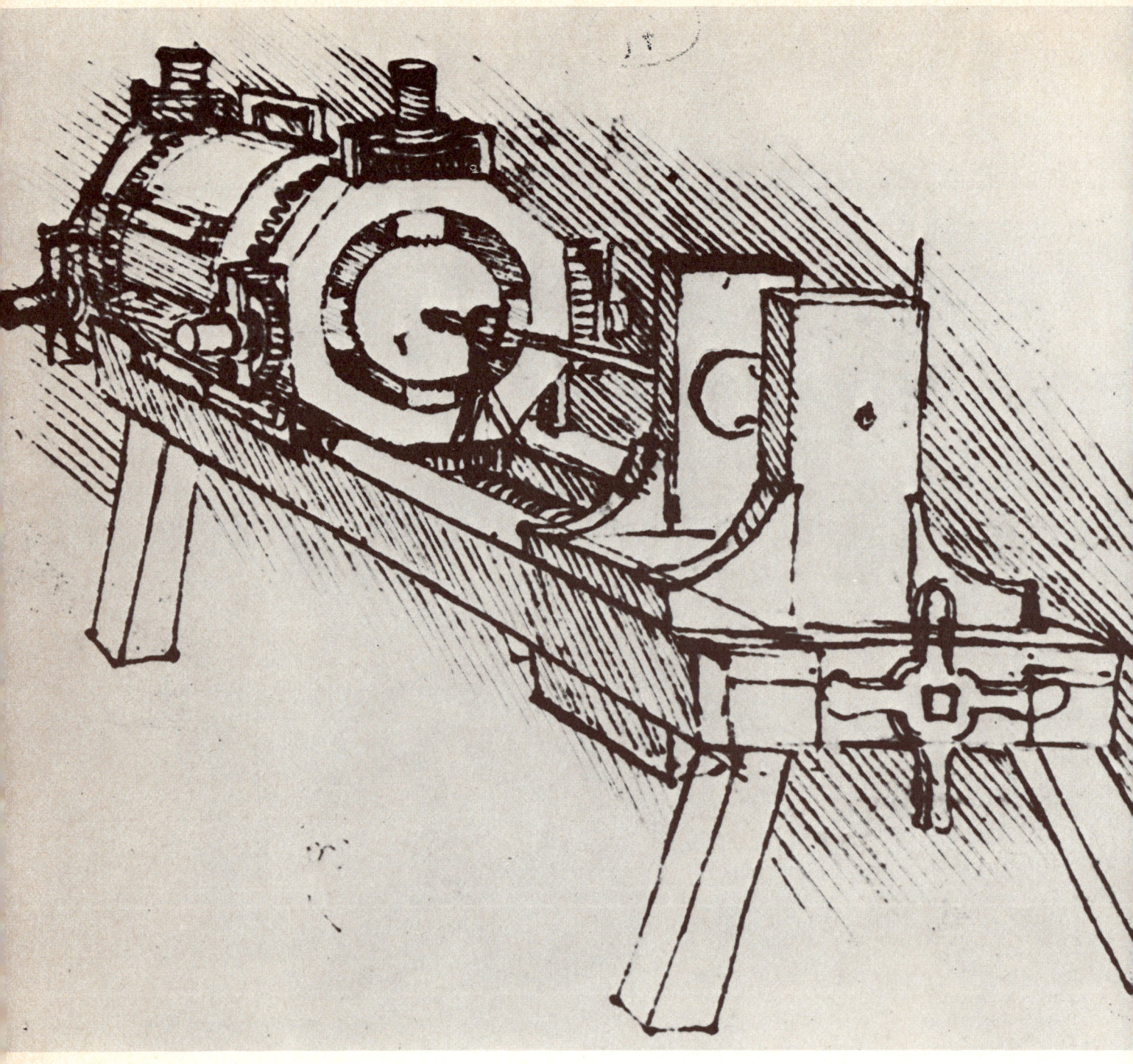

41. Oben: *Horizontal-Bohrmaschine*
Rechts: *Modell einer Horizontal-Bohrmaschine*

Diese Zeichnung erscheint ohne Erläuterungen im *Codex Atlanti-cus* und mutet auf den ersten Blick wie eine moderne Drehbank an. Es handelt sich um eine Variante der umseitig illustrierten Bohrmaschine, nur daß hier der Richtungsverlauf der Bohrung nicht senkrecht, sondern waagerecht ist. Die Bohrmaschine dient dem gleichen Zweck: Baumstämme zu durchbohren, die als Rohr-leitungen verwendet wurden (Abb. 40). Während des Bohrvor-gangs wurde der Vorschub zwischen Bohrer und Stamm durch die Schraube bewirkt, die zwischen den Seitenteilen des Gestells gerade noch sichtbar ist; die Drehung erfolgte durch das Speichen-rad am Ende. Der Stamm wurde an allen vier Seiten durch verstell-bare Klammern gehalten, so daß die Achse des Stammes immer auf den Bohrer ausgerichtet blieb, ganz gleich, welchen Durchmes-ser der Stamm auch hatte.

Erstaunlich die modern wirkenden Formen dieser Werkbank, die um so erstaunlicher anmuten, als Leonardos Schriften erst über 130 Jahre nach seinem Tode veröffentlicht wurden. Der Kon-struktion nach scheint seine Bohrmaschine aber eher dem Indu-striezeitalter anzugehören.

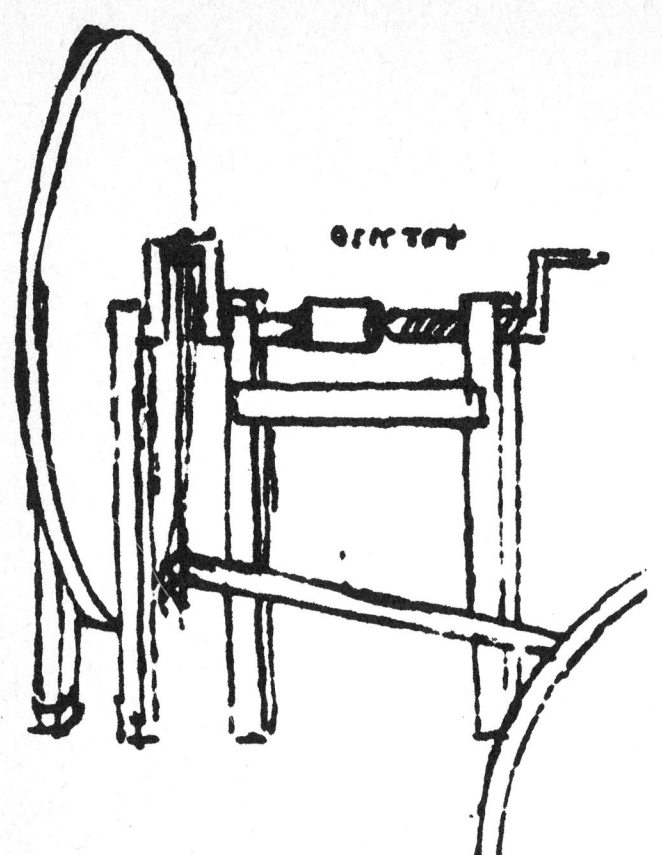

42. Links: *Drehbank mit Pedalantrieb*

Bedeutende Neuerungen bei der Entwicklung der Drehbank gehen auf Leonardo zurück. Diese Zeichnung, wahrscheinlich in die frühen 80er Jahre des 15. Jahrhunderts datierbar, zeigt einen Mechanismus, bei dem Schwungrad, Kurbel und Tretvorrichtung miteinander verbunden sind. Gegenüber den älteren Konstruktionen besitzt diese Drehbank drei entscheidende Vorteile: durch den Fußantrieb hatte der Dreher die Hände frei, und durch die Kurbel war eine fortlaufende Drehbewegung möglich, durch die Triebkraft des Schwungrades wurde ihr Totpunkt überwunden, was in deutlichem Gegensatz zu der Hin- und Herbewegung der älteren, durch Pedale und Federn angetriebenen Drehbänke stand.

43. Unten: *Kleines Walzwerk zur Fertigung von Kupferbändern*

Diese Maschine, um 1515 zu datieren, dient dem Ziehen und Auswalzen von Kupferbändern in gleichmäßig lange, befriedigend glatte und dünne Stücke zur Herstellung von Spiegeln, einem kostspieligen Luxusgegenstand zu Leonardos Zeit. Welchen Einfluß Leonardo auf den Ursprung technischer Zeichnungen hatte, wird an der Darstellungsweise der Maschine deutlich: sie ist einmal in Seitenansicht und dann in Draufsicht gezeichnet. Angetrieben wird die Maschine von einer Winde (obwohl in den Erläuterungen ein Wasserrad als bessere Möglichkeit empfohlen wird), die ein großes horizontales Zahnrad mittels einer Schnecke dreht. An der Getriebewelle ist ein zweites Schneckengetriebe, durch welches ein weiteres Zahnrad bewegt wird, so daß die Kupferbänder langsam auf die Welle gewickelt werden. Die Bänder laufen durch Zieheisen, denen ein Keil den nötigen Druck gibt.

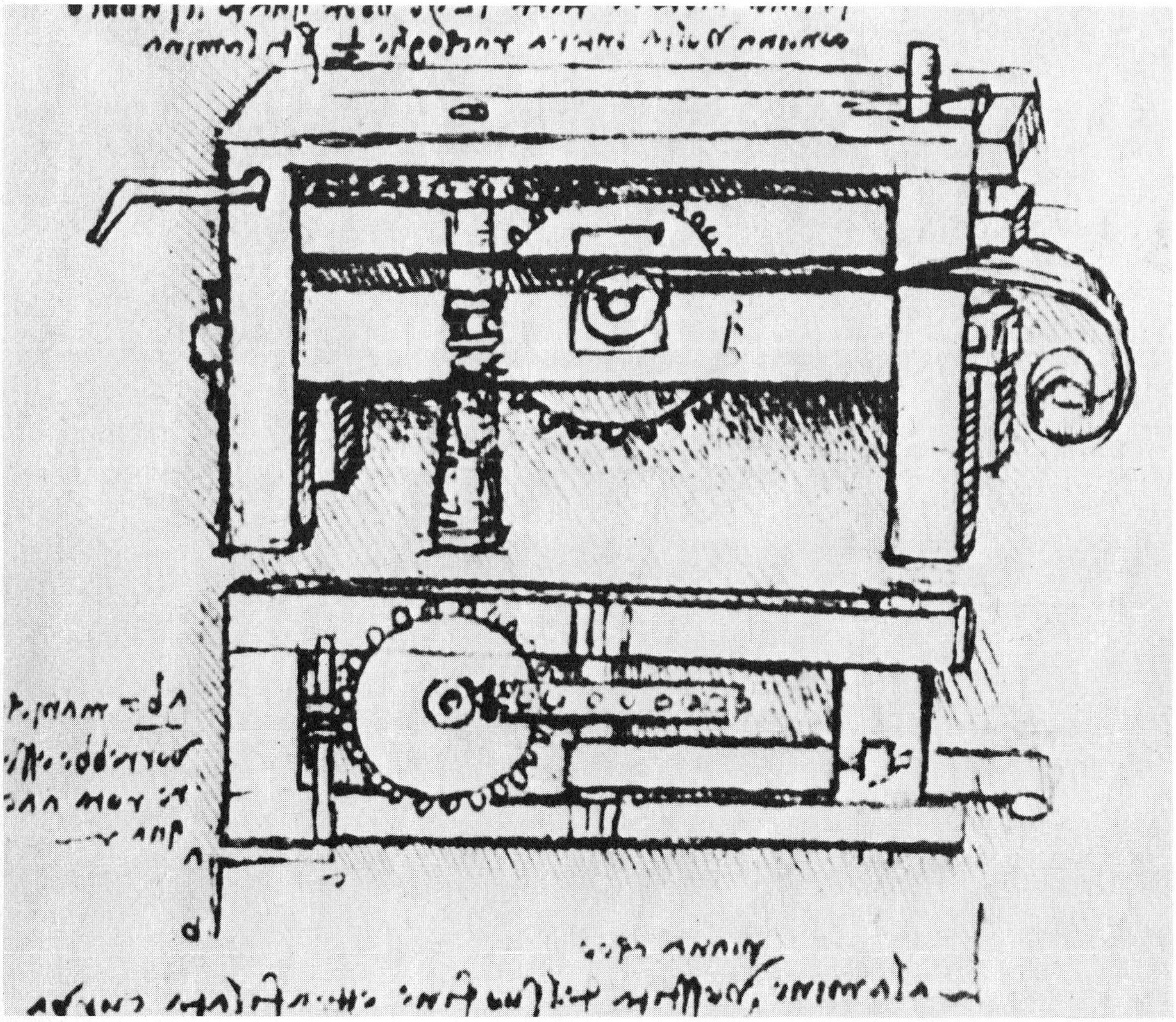

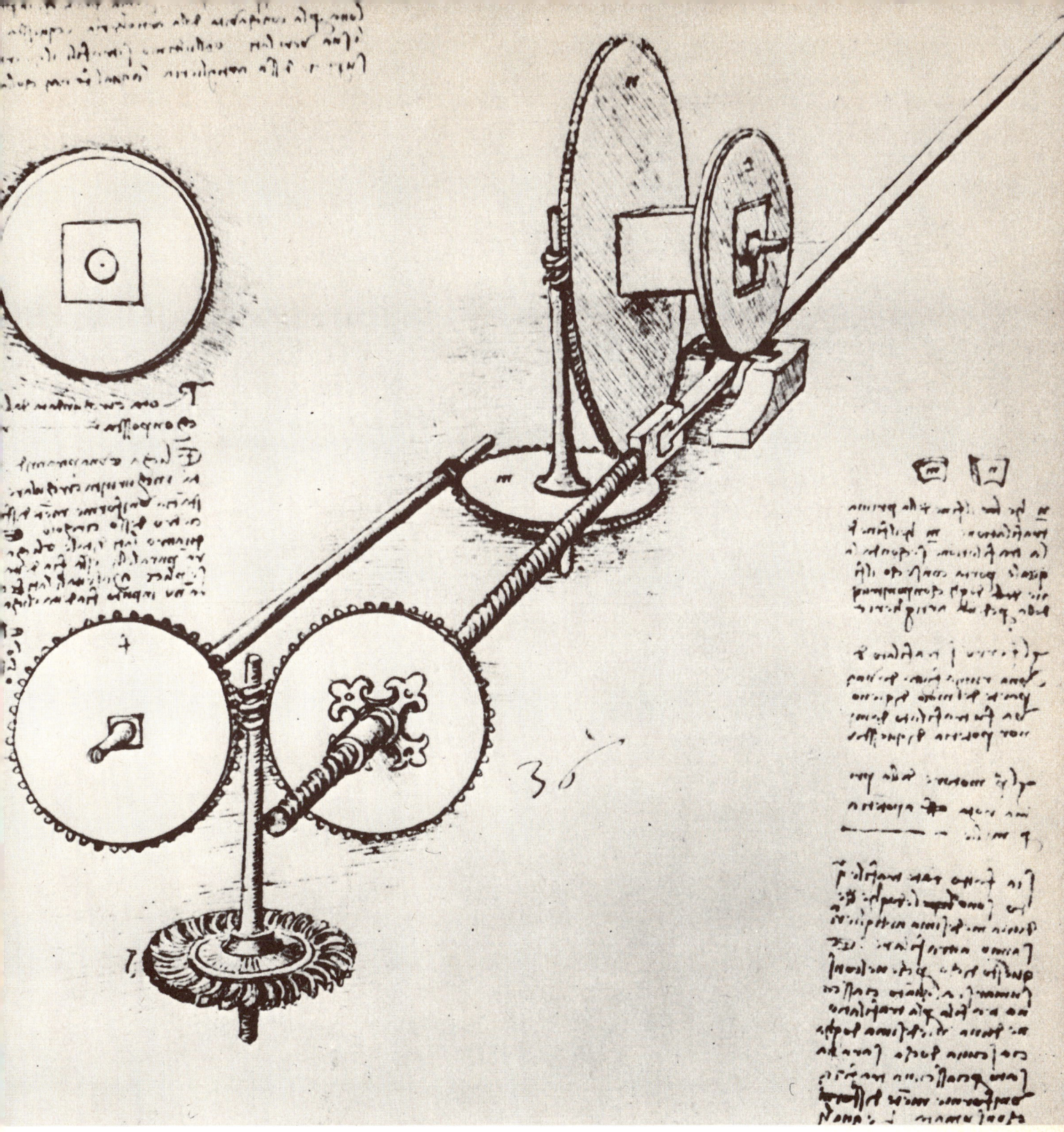

44. *Wassergetriebene Maschine, um Stäbe für Kanonenrohre zu ziehen*

Leonardo lebte in einer Zeit des Übergangs, da das Pulvergeschütz den Bogenschützen allmählich ersetzte. Deshalb befaßte sich Leonardo mit Geschützkonstruktionen. Er ersann Hinterladekanonen und Fluggeschosse, doch plante er auch Geschütze, die für das übliche Gußverfahren zu groß waren. Diese Zeichnung stellt einen wassergetriebenen Mechanismus zur Fertigung von Stäben oder Segmenten eines Kanonenrohres dar. Das Rohr sollte aus mehreren Teilen (wie sie rechts neben der Hauptzeichnung im Schnitt erscheinen) zusammengesetzt werden, durch Metallbänder zusammengehalten oder durch Schweißen verbunden. Die Rohrteile waren am Verschlußblock schwerer als an der Mündung. Alle Teile mußten eben und glatt sein und eine gleichmäßige Verjüngung haben, so daß man ein gerades, gasdichtes Rohr von einheitlichem Kaliber erhielt. Da das Schmiedeverfahren von Hand nicht die erforderliche Genauigkeit aufwies, ersann Leonardo eine Maschine – in diesem Fall eine Wasserturbine –, die, aus einer Kraftquelle gespeist, die Stäbe sowohl ziehen als auch walzen konnte. Das Eisenblech wurde durch zwei Schneckengetriebe gleichzeitig vorgezogen und ausgewalzt. Unten auf dem Blatt hat Leonardo sogar in einer kleinen Skizze (hier nicht wiedergegeben) Zahlen für die Getriebeuntersetzung der vier beteiligten Zahnräder genannt. Viele seiner kleinen Entwürfe für Geschütze weisen Konstruktionsmerkmale des ausgehenden 18. Jahrhunderts auf.

55

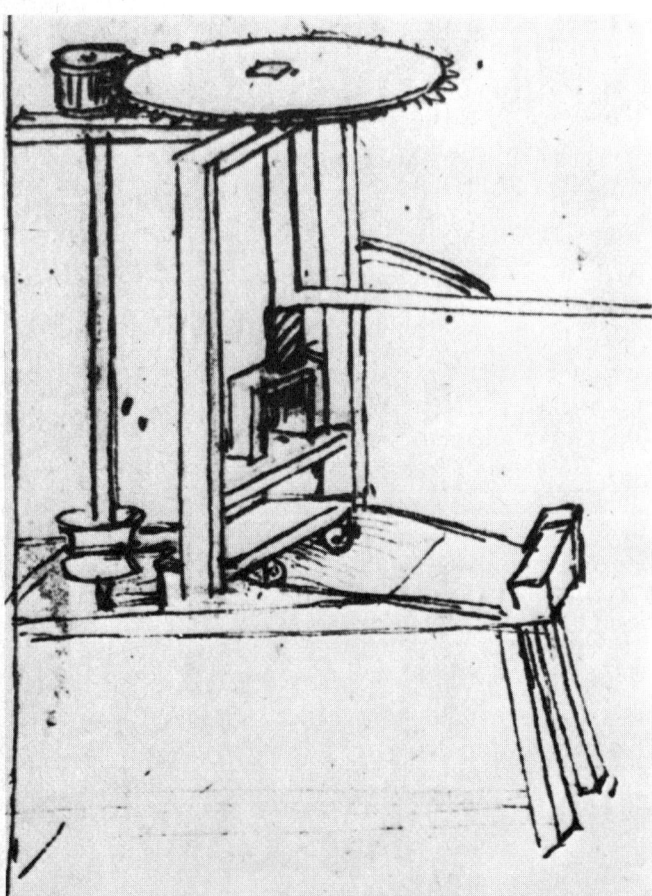

45. Oben: *Doppelarmiger Kran*

Leonardos Entwürfe für Tiefbauprojekte bedeuteten häufig Arbeitserleichterung. Dieser doppelarmige Kran, der anscheinend in einem Steinbruch eingesetzt ist, kann große Steinblöcke emporheben und schnell weiterbefördern. An anderer Stelle entwarf Leonardo Kräne, die paarweise einsetzbar sind, beispielsweise bei Kanalbauarbeiten; im vorliegenden Fall sind sie aber eindeutig als Gegengewicht zueinander aufgefaßt. Während der eine Kran an der Vorderseite mit einem Steinblock beladen wird, entlädt der andere den zuvor geschnittenen Block. Dann dreht sich die Kranplattform, um den entladenen Ausleger wieder zurück in seine Ausgangsposition zu bringen und den beladenen an die Abladestelle. Die drehbare Kranplattform sitzt auf einem rechteckigen Unterbau, der sich mittels einer großen Winde, links daneben sichtbar, weiter vorziehen läßt.

46. Links: *Druckpresse*

Bis weit ins 17. Jahrhundert waren Druckpressen klobige Apparaturen, und die Anfänge der Druckkunst liegen ziemlich im dunkeln. Leonardo wurde ungefähr zu der Zeit geboren, als Gutenberg den Buchdruck mit beweglichen Lettern erfand; es ist aber unmöglich, diese Zeichnung mit den damals üblichen Druckverfahren in Verbindung zu bringen.

Zwei Verbesserungsmöglichkeiten werden vorgeschlagen. Links ist ein zweigängiges Gewinde erkennbar, ein beliebtes und in Leonardos Zeichnungen immer wiederkehrendes Element, das die Bewegung der Presse bei entsprechender Betätigung des Hebels verdoppeln soll. Leonardo hat den Schließrahmen mit Hilfe des rechts sichtbaren Hebels beweglich gemacht. Wenn die Presse durch Ziehen des Hebels niederbewegt wird, wird der auf Rollen bewegliche Schließrahmen durch ein Seil, das an der angetriebenen Welle links neben der Presse befestigt ist, die schiefe Ebene hinaufgezogen.

Es ist eine Ironie der Geschichte, daß Leonardo diese und andere Verbesserungen des Druckverfahrens zwar vorschlagen konnte, daß aber keines seiner Traktate, die er zu veröffentlichen gedachte, zu seinen Lebzeiten auch gedruckt wurde. Erst 132 Jahre nach seinem Tode erschien 1651 in Paris ein Auszug aus seinem Malerei-Traktat.

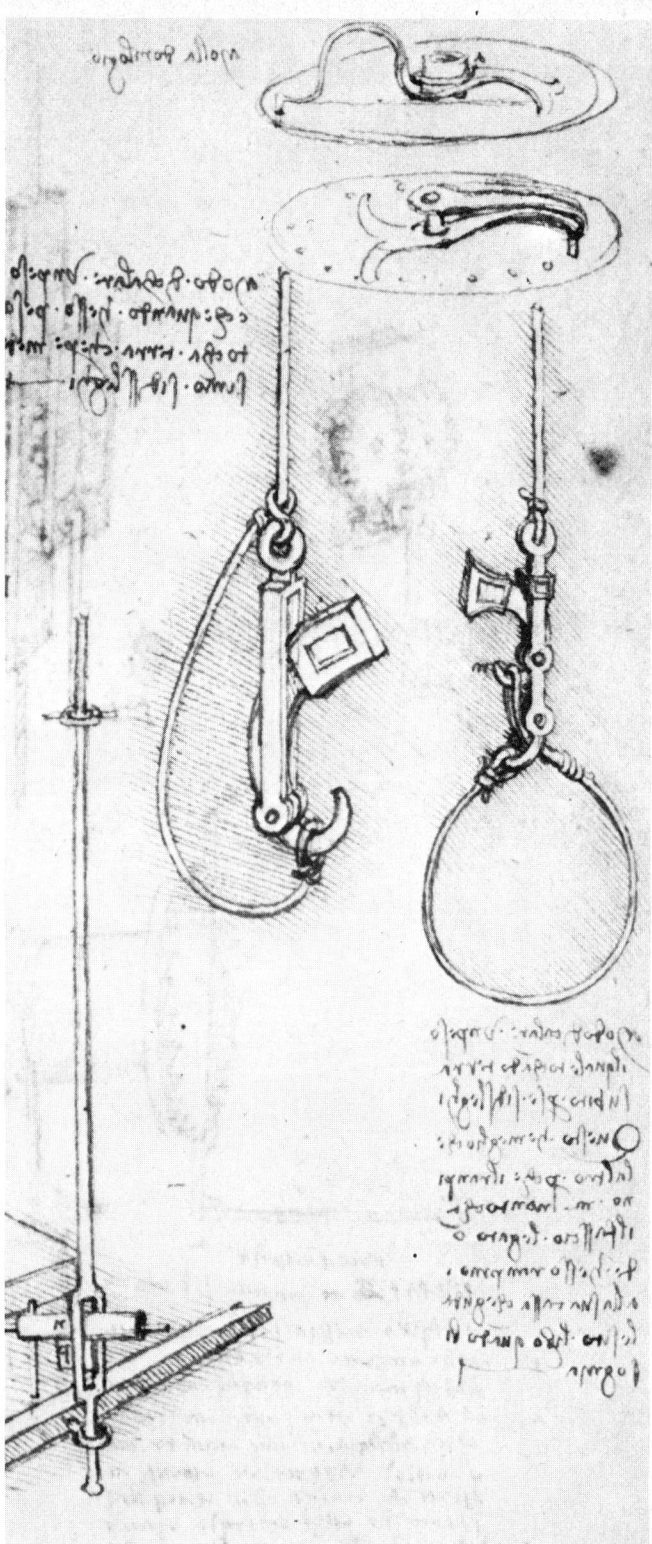

47. *Laufkran*

Leonardo entwickelte Maschinen, die dem Zivilingenieur bei Arbeiten in der Werkstatt – in Form von Werkzeugmaschinen – zur Verfügung standen, wie auch bei Außenarbeiten im Kanalbau, bei Entwässerungs- und Baggervorhaben und bei städtebaulichen Aufgaben.

Dieser Kran bewegt sich auf einer kleinen Laufkatze und wird an hochliegenden Seilen geführt. Er kann sich auf einem Zapfen drehen und ist mit Zahngetriebe zum Heben schwerer Lasten ausgestattet, ohne dabei zu schwerfällig zu sein. Er ist vermutlich beim Bau hoher Gebäude verwendet worden.

48. *Automatische Auslöse-Vorrichtungen*

Bei Hebewerken jeder Art konnten diese beiden automatischen Auslöse-Vorrichtungen verwendet werden, um Lasten abzusetzen, ohne daß man sie von Hand aushaken mußte. Bei jeder Vorrichtung wird ein Lasthaken durch das größere Gewicht der Fracht in seiner Lage gehalten. Sobald die Fracht den Boden erreicht, lockert sich die Spannung und dreht und entkoppelt den Haken. Leonardo hat im Text dazu vermerkt, daß die rechte Vorrichtung vorzuziehen sei, weil der belastete Haken nicht mit der Fracht in Berührung komme.

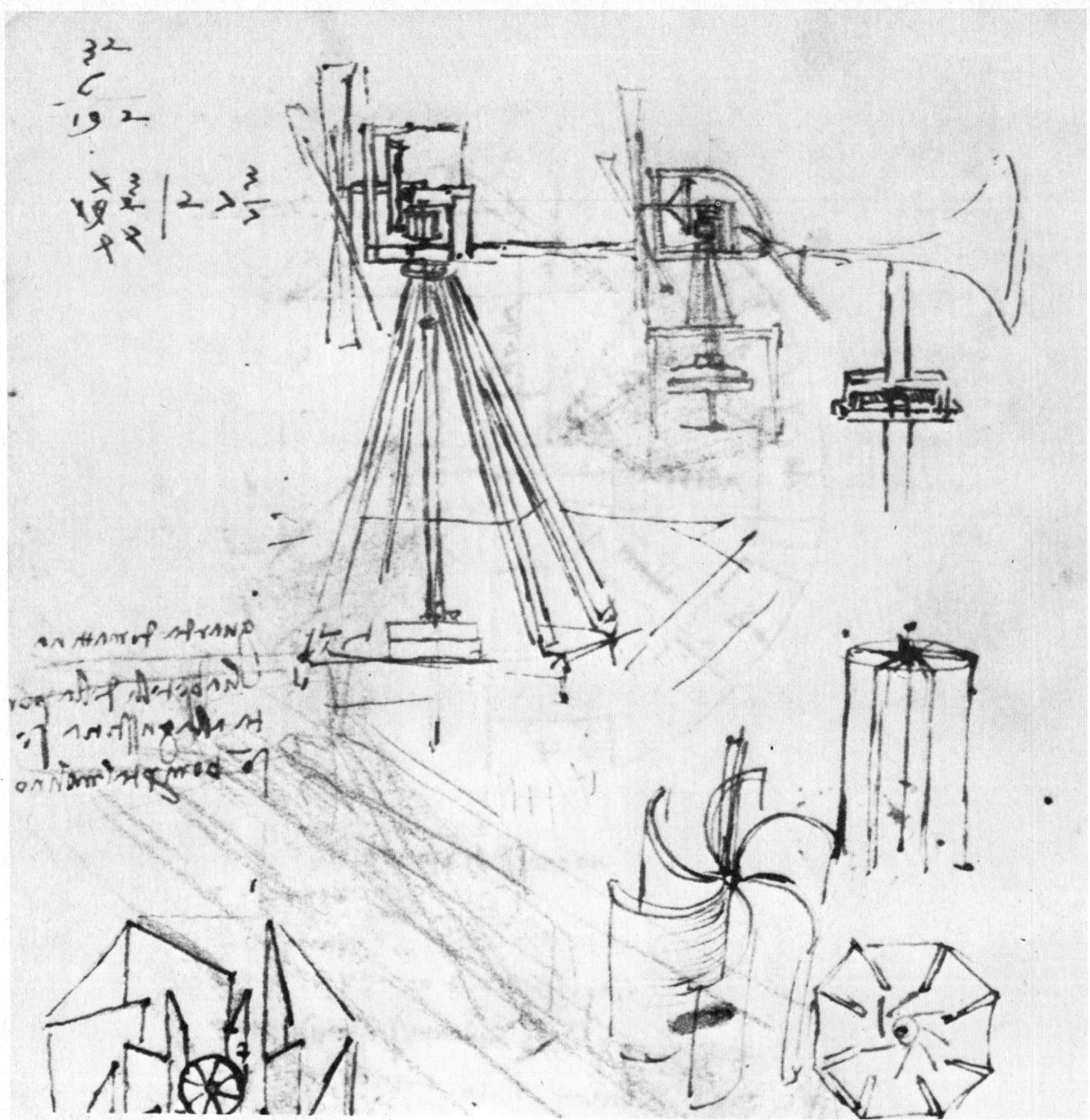

49. *Ständermühlen und Windmühlen*

Daß Leonardo auch auf dem Gebiet der Windmühlenkonstruktion führend war, beweist dieses eigenartige Blatt aus dem *Codex Madrid II.* In Italien waren Windmühlen wegen der ungünstigen Windverhältnisse von geringer Bedeutung, und man vermutet, daß ihn dieses Projekt im Zusammenhang mit Arbeiten für den osmanischen Sultan Bajesid II. beschäftigte, dem er um 1502 seine Dienste anbot. Die Tatsache, daß Windmühlen in Italien praktisch kaum nutzbar waren, hinderte Leonardo nicht, einige sinnreiche Konstruktionen zu zeichnen.

In der oberen Hälfte des Blattes erscheinen zwei Ständermühlen, die sich von dem herkömmlichen Typ dadurch unterschieden, daß sie nicht mit einem Pfahl von Hand, sondern durch eine große Leitfläche an seinem Ende in die Windrichtung gedreht wurden. Zur Gewichtserleichterung und besserer Handhabung brachte Leonardo die Mühlsteine zu ebener Erde an. Die Ähnlichkeit

mit modernen Windpumpen ist erstaunlich. Bei den Zeichnungen im unteren Teil des Blattes scheint es sich um Zubehör für Windmühlen zu handeln. Diese konnten unabhängig von der Windrichtung betrieben werden, und bisher galt die von Besson in einem 1578 erschienenen Buch als älteste Zeichnung einer solcher Mühle. Unten links hat Leonardo eine Windmühle aus Leinwand gezeichnet; es ist die einzige, die er mit ziemlich ausführlichen Erläuterungen versehen hat. Sie besteht aus 32 Leinwand-Bahnen, die bis zu 25 Ellen hoch sind. Leider ist seinen Worten nicht zu entnehmen, ob sich alle Flügel an einem Rahmen drehen, wie bei modernen chinesischen Windmühlen, oder ob sie den Wind auf eine Apparatur in ihrer Mitte zu leiten hatten. Leonardo war sich ihres Kostenaufwandes durchaus bewußt: er nennt die Material- und Arbeitskosten für ihren Bau und schreibt: ›wisse, diese Mühle hat solche Kraft, daß ihr Rad zwei doppelte Mühlsteine antreiben kann. Sie ist stabil und mahlt bei jedem Wind.‹ (Eine Elle = 59,5 cm).

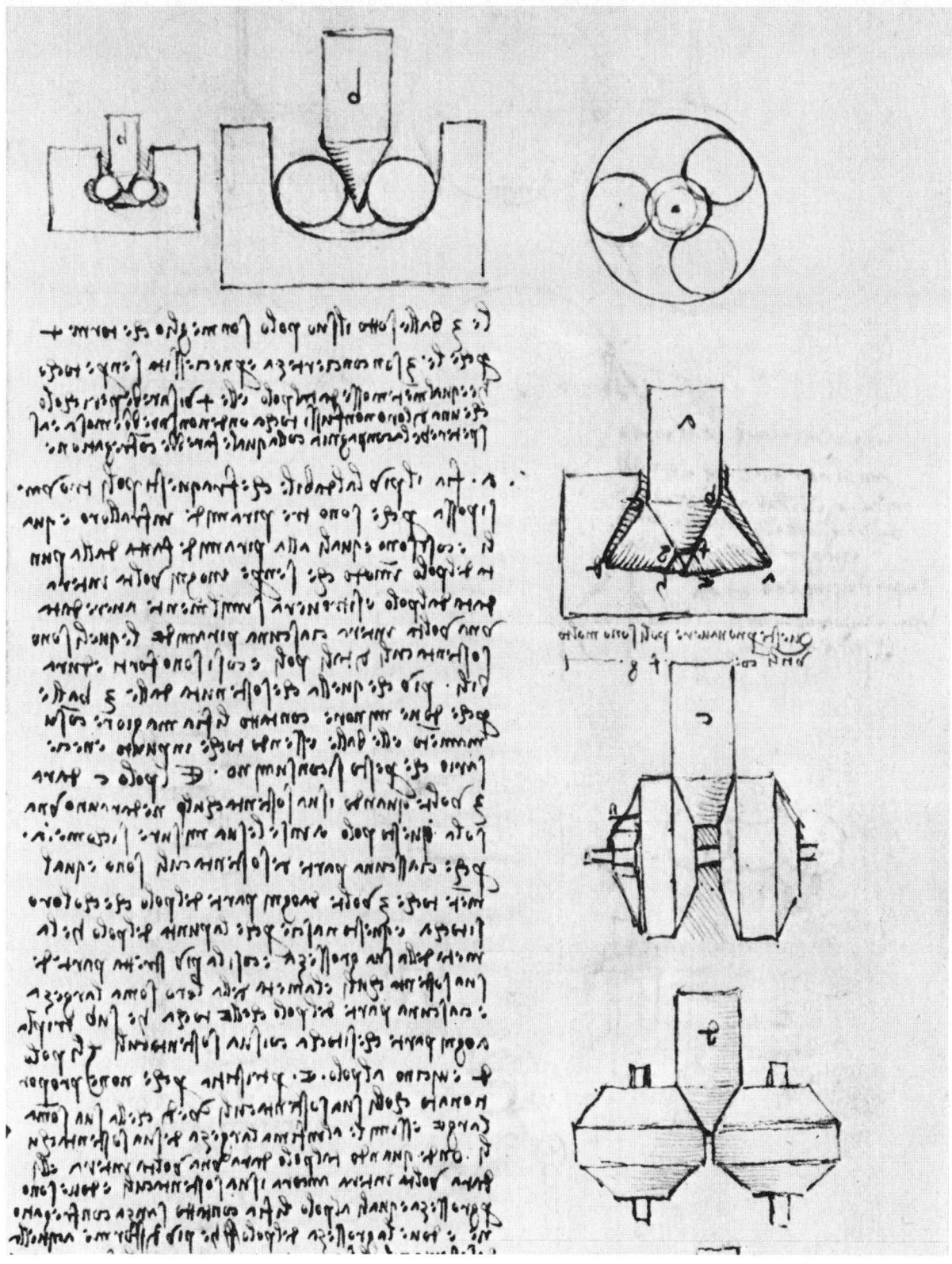

50. *Rollen- und Kugellager zum Tragen einer senkrechten Achse*

Seit Menschengedenken haben Ingenieure versucht, rollende Teile zwischen Welle und Lager zu setzen, um die Reibung zu verringern. In Europa mag man vor Leonardo Scheibenlager gekannt haben und im alten China noch andere Formen der Lagerung, doch diese von Leonardo gezeichneten richtigen Rollen- und Kugellager gelten als erster Versuch der Neuzeit, das Reibungsproblem bei Maschinen zu lösen. Die Anordnung der Zeichnungen läßt darauf schließen, daß es für Leonardo so gut wie keine Wahl zwischen Rollen- und Kugellagern gab, er suchte aber nach Möglichkeiten, um die Berührung von Rollen und Kugeln zu verhindern, um auf diese Weise die Reibung zu verringern. Die Lagerung der um einen Spitzzapfen angeordneten Kugeln wurde in den zwanziger Jahren für Flugzeug-Kreiselinstrumente neu erfunden, während Rollenlager Ende des 18. Jahrhunderts neu erfunden und für die Verwendung bei Straßenfahrzeugen patentiert wurden.

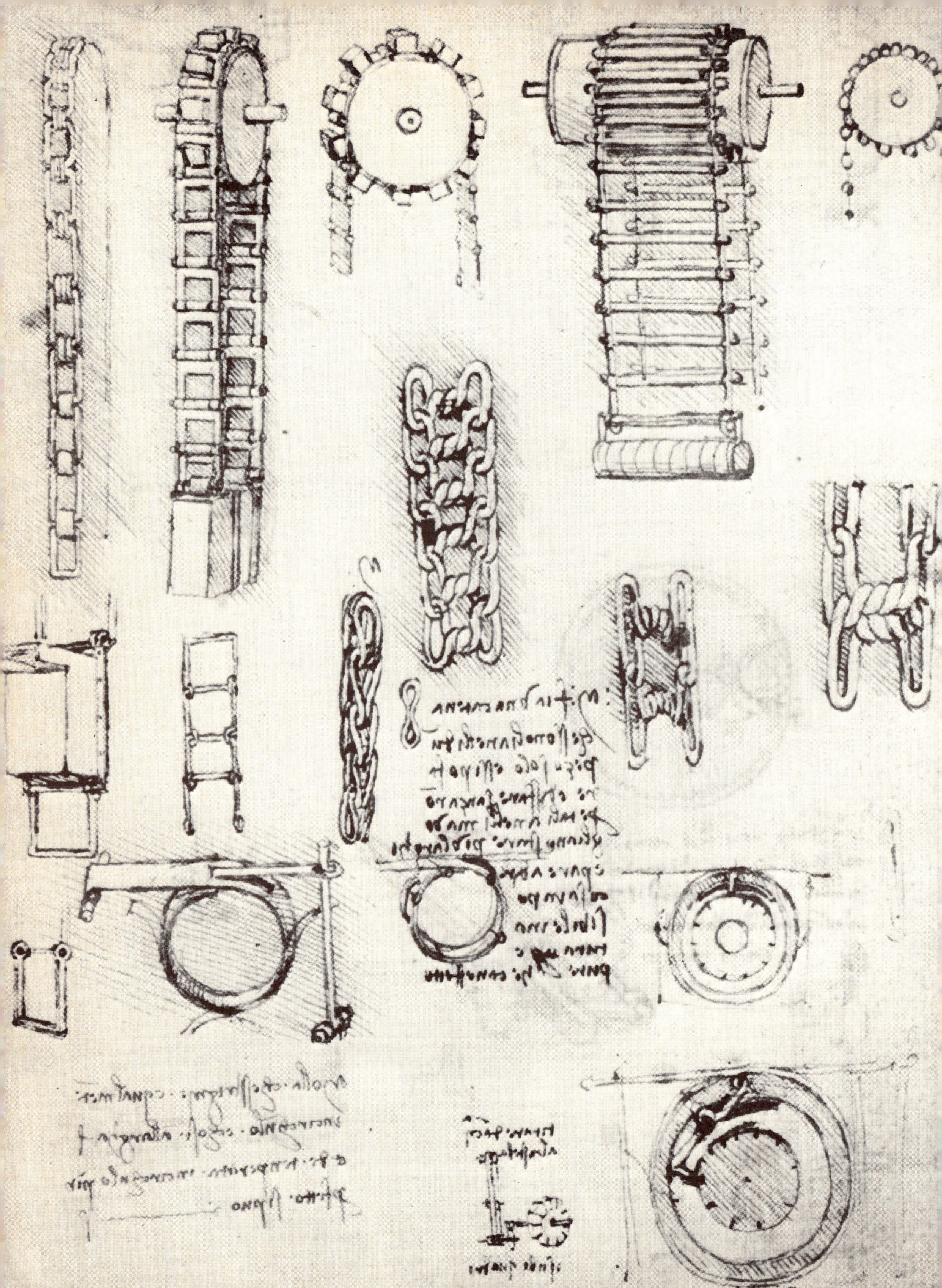

51. Links: *Kettengetriebe und Zahnkettenräder*
Rechts: *Modell eines Kettenantriebes*

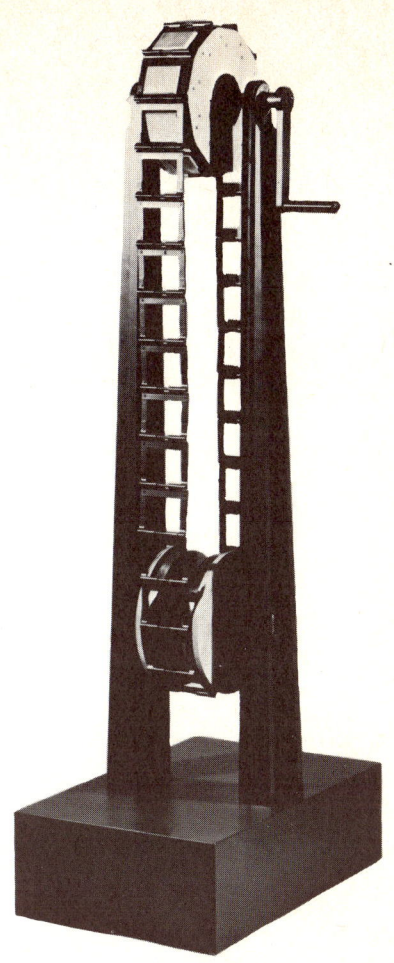

Der Kettenantrieb ist eine äußerst wichtige mechanische Vorrichtung zur Kraftübertragung; in der abendländischen Technik findet sie sich jedoch erst im 17. oder 18. Jahrhundert. Diese Zeichnungen bezeugen, daß der 1770 von Vaucanson entwickelte Kettenantrieb nicht ganz neu war – Leonardo hatte ihn fast 300 Jahre früher dargestellt. Anhand der Zeichnungen läßt sich nicht sagen, wie er den Kettenantrieb praktisch anzuwenden gedachte, er zeichnete aber an anderer Stelle gelenkig gelagerte Kettenglieder für die Radsperre eines Geschützes. Ein komplettes Kettengetriebe ist in der kleinen Zeichnung am unteren Rand des Blattes dargestellt.

52. Unten: *Kettenglieder und Zugfedern*

Die verschiedenen, hier dargestellten, erstaunlich deutlich gezeichneten Kettenglieder waren wahrscheinlich für die Radsperre der Hinterladekanone (Abb. 29) gedacht. Das ist den nebeneinander dargestellten Kettengliedern und Zugfedern zu entnehmen. Sie nehmen eindeutig die Gliederketten vorweg, die im 19. Jahrhundert für Fahrräder und zum Antrieb von Maschinen entwickelt wurden. Bis zur Entdeckung des *Codex Madrid* im Jahre 1967, in dem sich zahlreiche Zeichnungen von Kettentrieben finden, wußte man nicht, an welche Verwendungsmöglichkeiten seiner Kettenglieder Leonardo gedacht hatte. Man möchte glauben, daß sich Leonardo sogar mit dem kettengetriebenen Fahrrad beschäftigte, denn bei einer kürzlich erfolgten Restaurierung des *Codex Atlanticus* wurde eine undeutliche und wahrscheinlich kopierte Zeichnung eines Fahrrades entdeckt (Abb. 83).

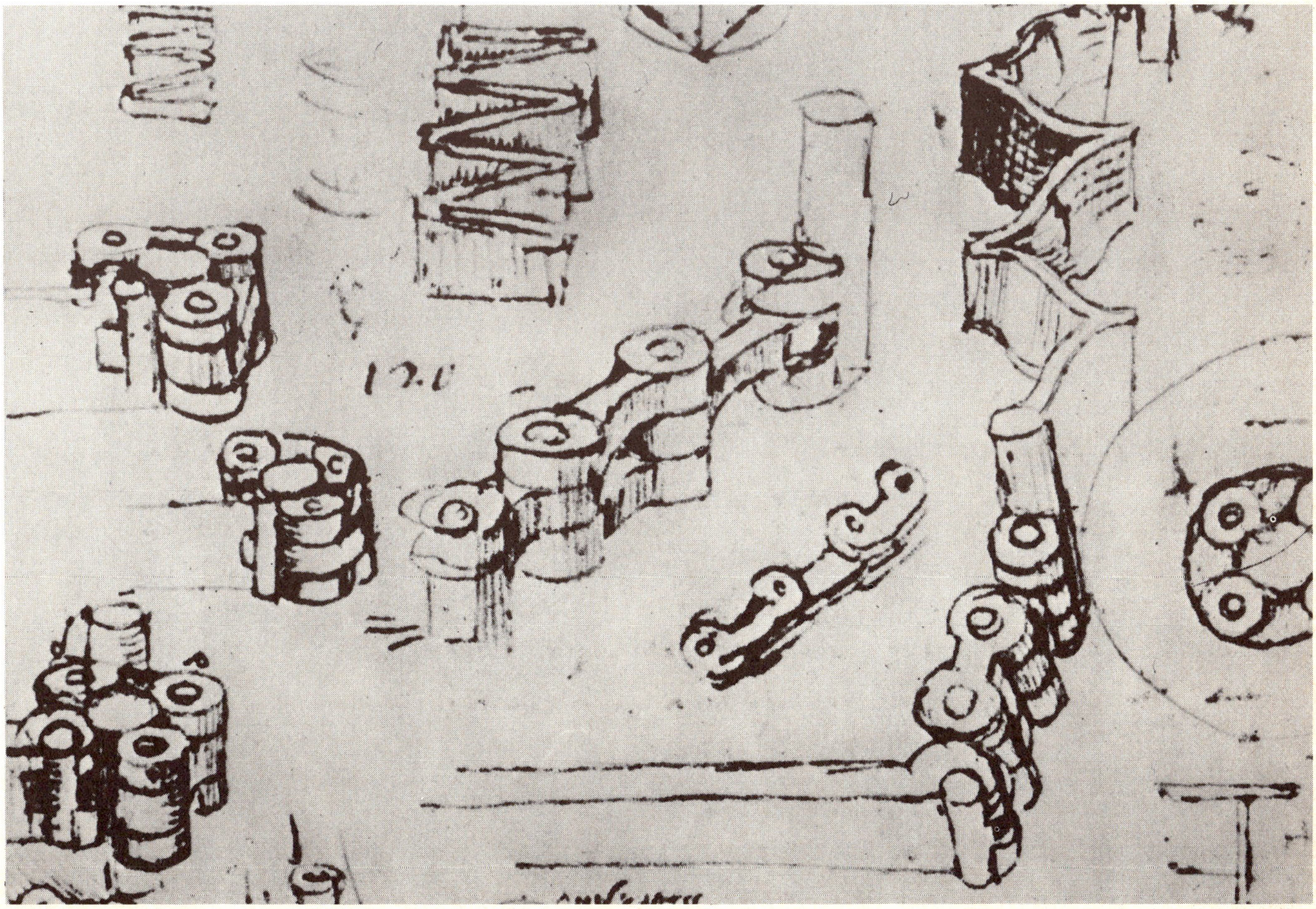

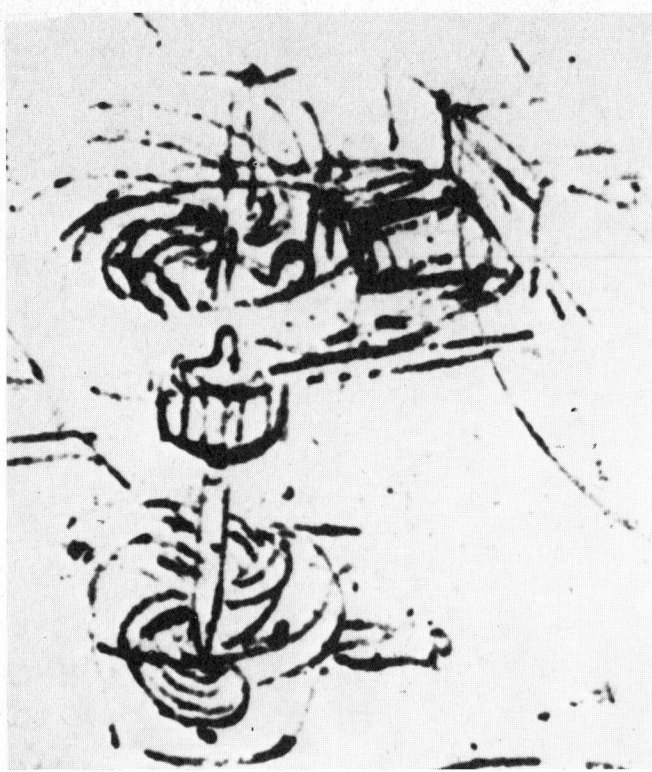

53. Links: *Wasserturbine*

Diese Zeichnung läßt zwei Deutungsmöglichkeiten zu, die beide zeigen, wie weit Leonardo bei seinen hydraulischen Forschungen gekommen war. Dargestellt ist eine Wasserturbine, nur ist nicht klar, ob sie durch Wasser angetrieben wird (so daß sie, wie ein Wasserrad, ihre Energie aus dem Wasser bezieht), oder ob sie das Wasser umwälzt (so daß sie, wie eine Schiffsschraube, ihre Kraft einsetzt). Die Folgerungen aus beiden Theorien sind eindrucksvoll.

Wenn die Turbine dem über sie hinwegfließenden Wasser Energie entnimmt, so handelt es sich um den Vorläufer der modernen Wasserturbine, wie sie beispielsweise bei der Stromerzeugung eingesetzt wird. Für seinen automatisch betriebenen Bratspieß (Abb. 61) verwendete Leonardo eine Luftschraube, warum also nicht hier eine Wasserschraube, um Maschinen durch die sich drehende Achse der Turbine anzutreiben?

Wenn die Turbine andererseits das Wasser in Bewegung setzt, so handelt es sich um den Vorläufer der Kreiselpumpe. Im *Manuskript F* zeichnete Leonardo eine solche Pumpe zur Trockenlegung von Sümpfen. Angetrieben durch eine an ihrer Achse sitzende Kurbel, wirbelte die Turbine das Wasser in einem geschlossenen Schacht um. Die Fliehkraft drückte das Wasser in die Höhe und aus dem Schacht heraus. So wurde das umliegende Land entwässert. Beide Theorien sind mit der Zeichnung vereinbar.

54. Unten: *Getriebe mit regulierbarer Geschwindigkeit*

Dieser Vorläufer des modernen Kraftwagengetriebes findet sich auf einem Skizzenblatt, auf dem verschiedene Getriebeformen dargestellt sind. Sie gehört zu den sinnreichsten Formen der Kraftübertragung, die Leonardo ersonnen hat. So konnten beispielsweise wassergetriebene Maschinen mit jeder der drei Getriebestufen laufen, entsprechend der Wassermenge, die für den Antrieb des Rades jeweils zur Verfügung stand. Dadurch, daß drei Getrieberäder von verschiedenem Durchmesser mit dem gleichen Triebstockzahnrad ineinandergreifen, ließen sich drei verschiedene Drehgeschwindigkeiten erreichen. Geht man davon aus, daß das Laternengetriebe von der Primärkraft angetrieben wird, dann ließe sich die schnellste Umdrehung durch Einsatz des oberen oder kleinsten der drei Zahnräder erzielen, während die langsamste Umdrehung bei Verwendung des unteren, größten Zahnrades zustande käme.

55. Rechts: *Drucklufturbine*

Auf diesem Blatt sind mehrere Zahnräder, Getriebe und Achsen dargestellt, die durch Druckluft in Bewegung gesetzt werden. Die großen Blasebälge, von einem nicht illustrierten Mechanismus betrieben, sind auf den Rand eines Turbinenrades gerichtet, das, durch diese zwei Luftströme angetrieben, verschiedene Achsen und Getriebe bewegt. Wie beim Wasserrad sind beim Turbinenrad die Luftströme in Aussparungen an seinen Außenrand gerichtet.

Da man nicht sagen kann, was die Blasebälge antreibt, ist die Vorrichtung eigentlich mehr eine Art Übertragungssystem als eine Kraftmaschine. Wenn es gelänge, die Reibung der Getriebe zu verhindern, dann ließen sich die auf diese Weise angetriebenen Maschinen sicherlich stoßfreier in Gang setzen und beschleunigen als bei einer unmittelbaren Antriebsübertragung, dennoch kann man sich nur schwer Anwendungsmöglichkeiten für eine solche Vorrichtung vorstellen.

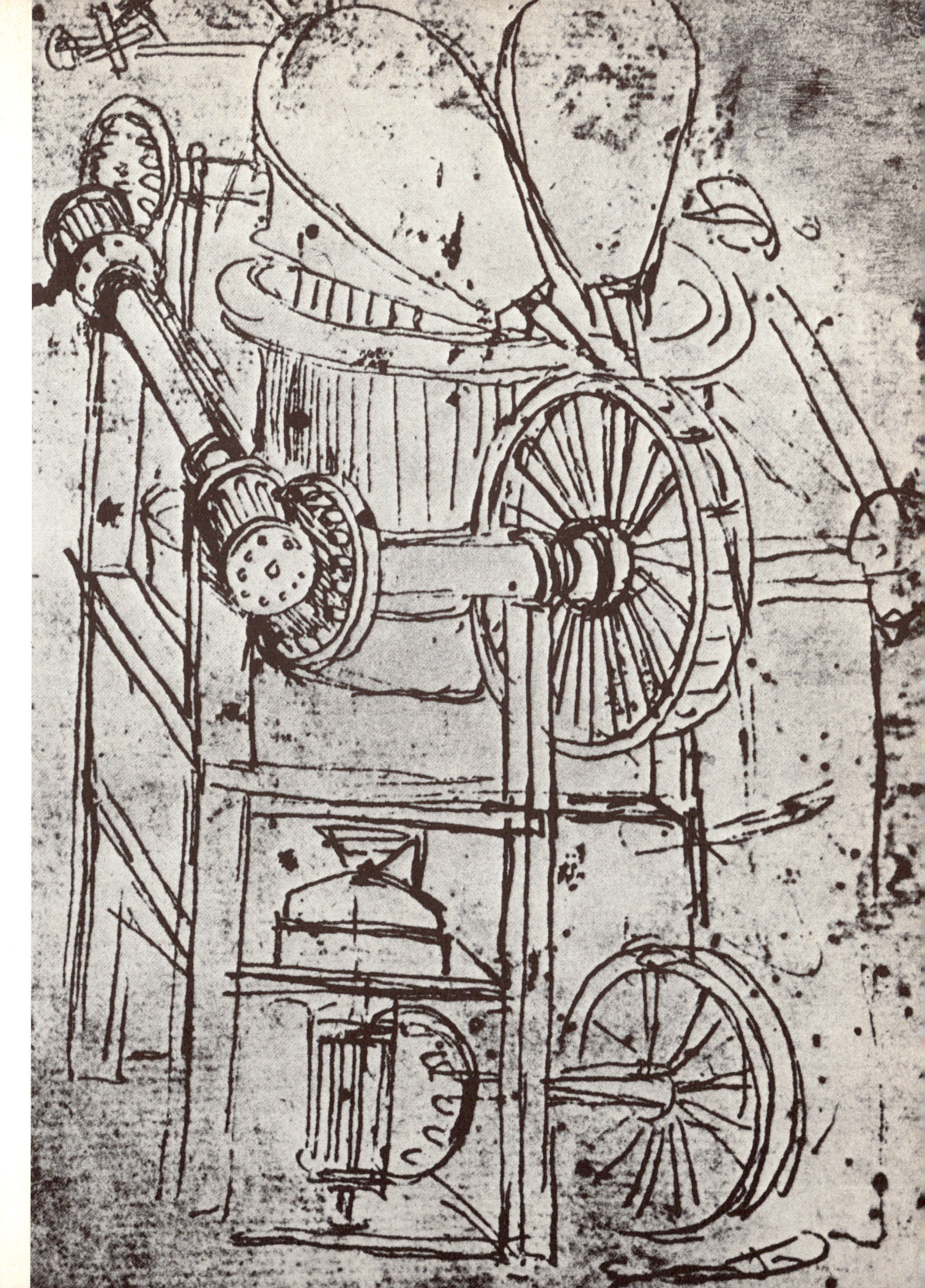

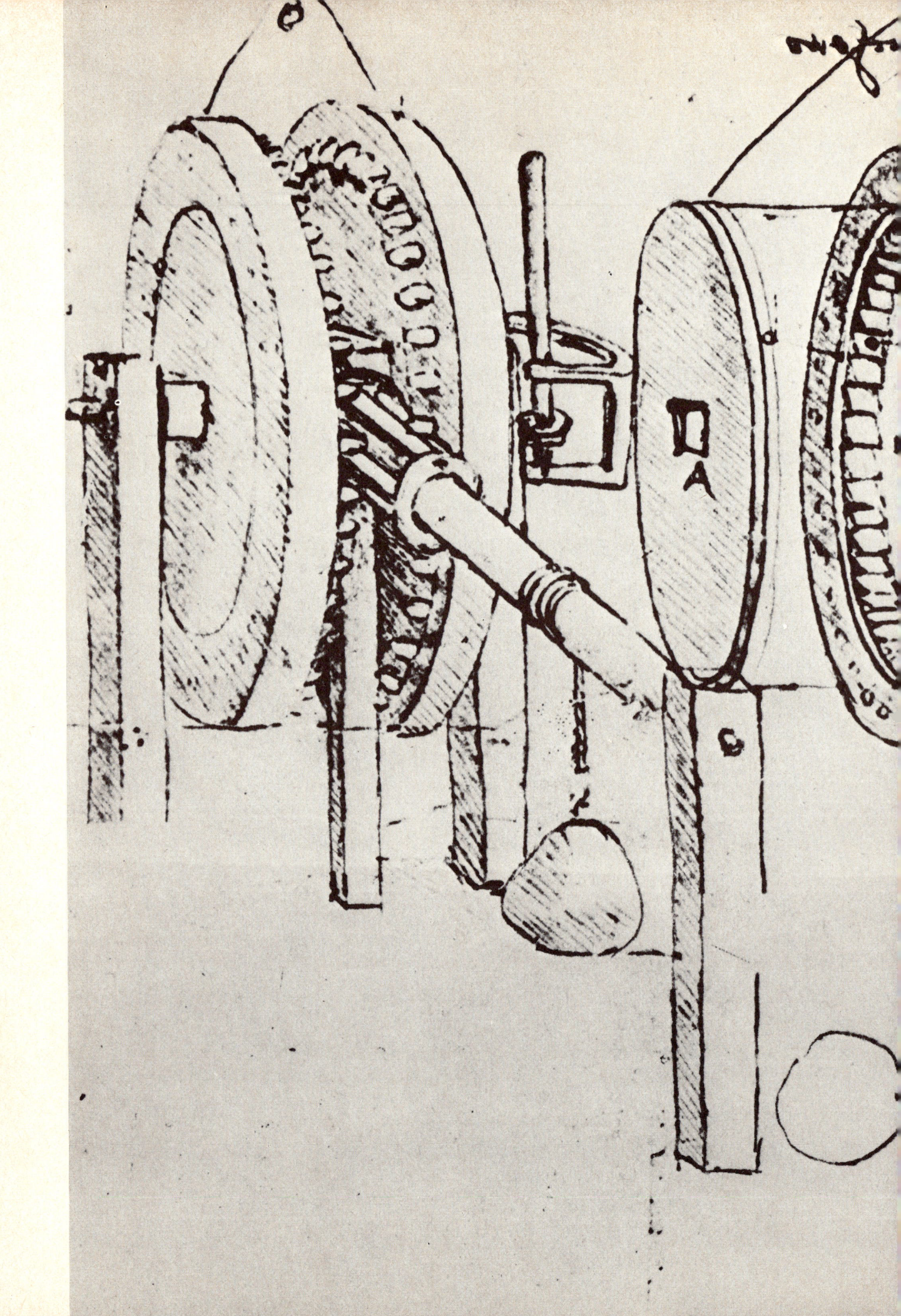

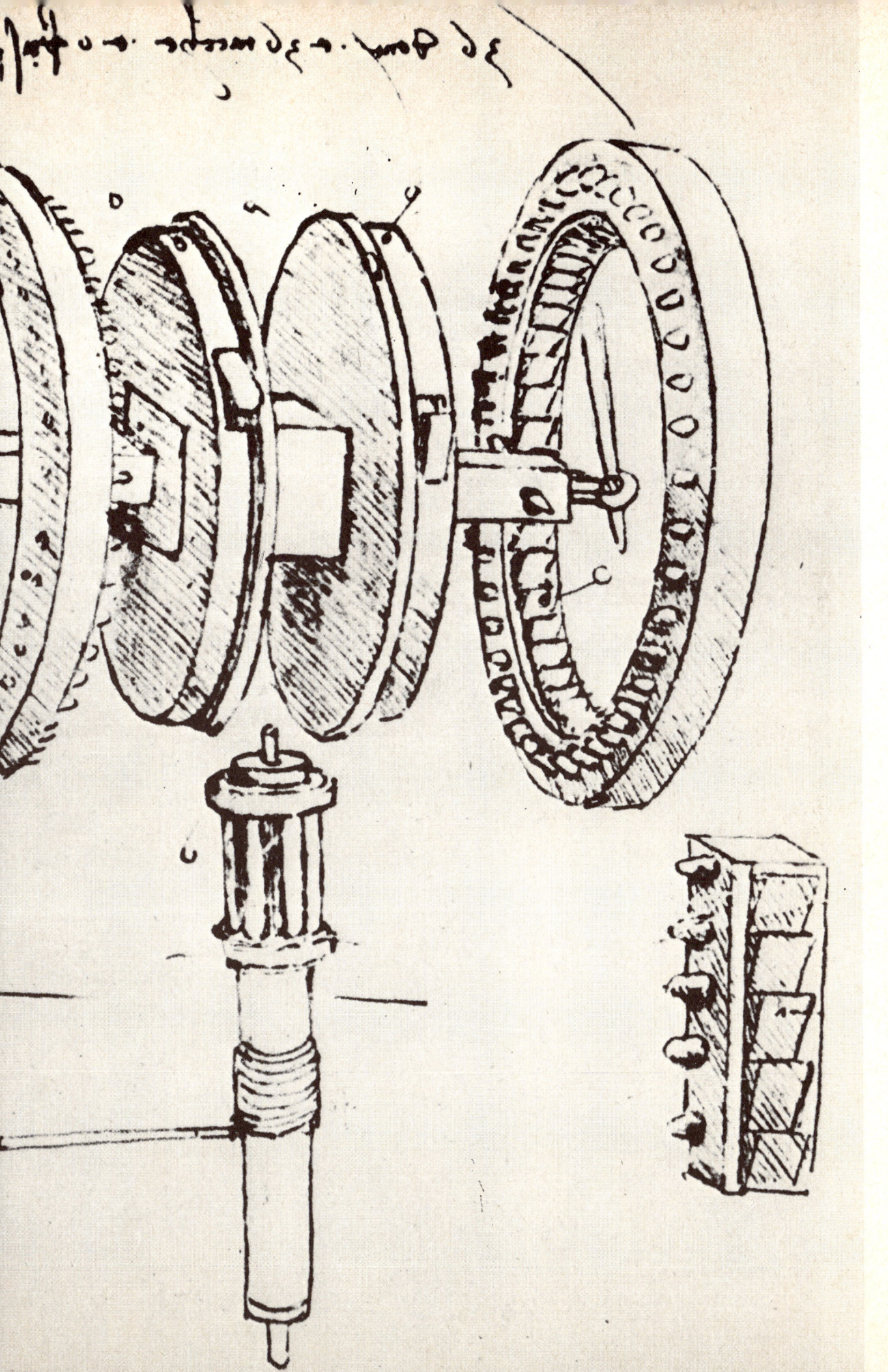

56. Vorhergehende Seiten: *Umsetzung von Hin- und Herbewegung in eine Rotationsbewegung*

Auf diesem Blatt ist ein Mechanismus dargestellt – links in montierter Form, rechts in auseinandergezogener Darstellung –, bei dem die Schaukelbewegung des senkrechten Hebels (jeweils rechts) in die Kreisbewegung der Welle umgesetzt wird. Er dient zum Heben schwerer Lasten. Die Abbildungen zeichnen sich nicht nur durch ihre neuartige Darstellungsweise aus, sondern auch durch ihre klare zeichnerische Wiedergabe, was besonders für die Darstellung der einzelnen Teile nebeneinander gilt. Der Bedienungshebel wird hin- und herbewegt und der an einem Seil hängende Stein hochgezogen, wobei sich das Seil um die horizontale Welle wickelt. Der Kipphebel versetzt eine vierkantige Welle, in die zwei Räder eingepaßt sind, in Schwingbewegung. Jedes Rad besitzt an seinen Außenkanten Sperrklinken, und jeder dieser Haken bewegt sich in entgegengesetzter Richtung zu einem anderen. Die Sperrstangen greifen in Sperren, und zwar in die Löcher der beiden äußeren Ringe. Auch diese Sperräder sind mit Zahnradzähnen versehen, die an der letzten Welle in ein gewöhnliches Triebstockgetriebe einrasten. Wird der Bedienungshebel vorgezogen, so greift eine der Sperrklinken in ihr Sperrad, wird der Hebel zurückgeschoben, dann greift die andere Sperrklinke in ihr Sperrad; die Welle bewegt sich dabei in der gleichen Richtung. Anwenden ließ sich der Mechanismus für eine Winde, einen Flaschenzug oder für verschiedene Projekte Leonardos, automatisch betriebene Fahrzeuge zu bauen (Abb. 82). Der Mechanismus zeigt die praktische

Umsetzung von hin- und hergehender Bewegung in eine Kreisbewegung. Eine Anwendung des Verfahrens findet sich in Leonardos eigenem Werk, wiederum im *Codex Atlanticus*: die Darstellung eines Schiffes mit Schaufelantrieb, der durch Tretvorrichtungen in Gang gesetzt wird (Abb. 77)

57. Unten: *Kardanringaufhängung*

Die hier gezeigte Vorrichtung hat Leonardo wenigstens zweimal dargestellt; sie sollte für die Schiffahrt weitreichende praktische Bedeutung haben. Wurde der Schiffskompaß auf dem inneren Ring montiert, dann blieb er beim Schlingern und Stampfen des Schiffes auf See in horizontaler Lage, da sich jeder der Ringe auf einer verschiedenen Ebene hin- und herbewegen kann. Auf diese Weise war er vor den Bewegungen auf See geschützt.

1571 gab es Kardanaufhängungen auf Schiffen, fast ein Jahrhundert nach Leonardos Zeichnung. Es steht jedoch außer Frage, daß Leonardo an die Verwendung von Kardanringen in der Schiffahrt gedacht hatte: Im *Codex Madrid I* findet sich eine kleine Zeichnung von etwas komplizierterer Form als die hier abgebildete, neben der vermerkt ist: ›Verfahren zur Herstellung von Ringen, die sich, wie der Schiffskompaß, in jede Richtung bewegen können‹. Es mag interessant sein, daß Leonardo zwar die Eigenschaften des Magneteisensteins im Kompaß kannte, daß er aber glaubte, der Magnet werde vom Polarstern angezogen und nicht, wie man später entdeckte, vom Magnetfeld der Erde.

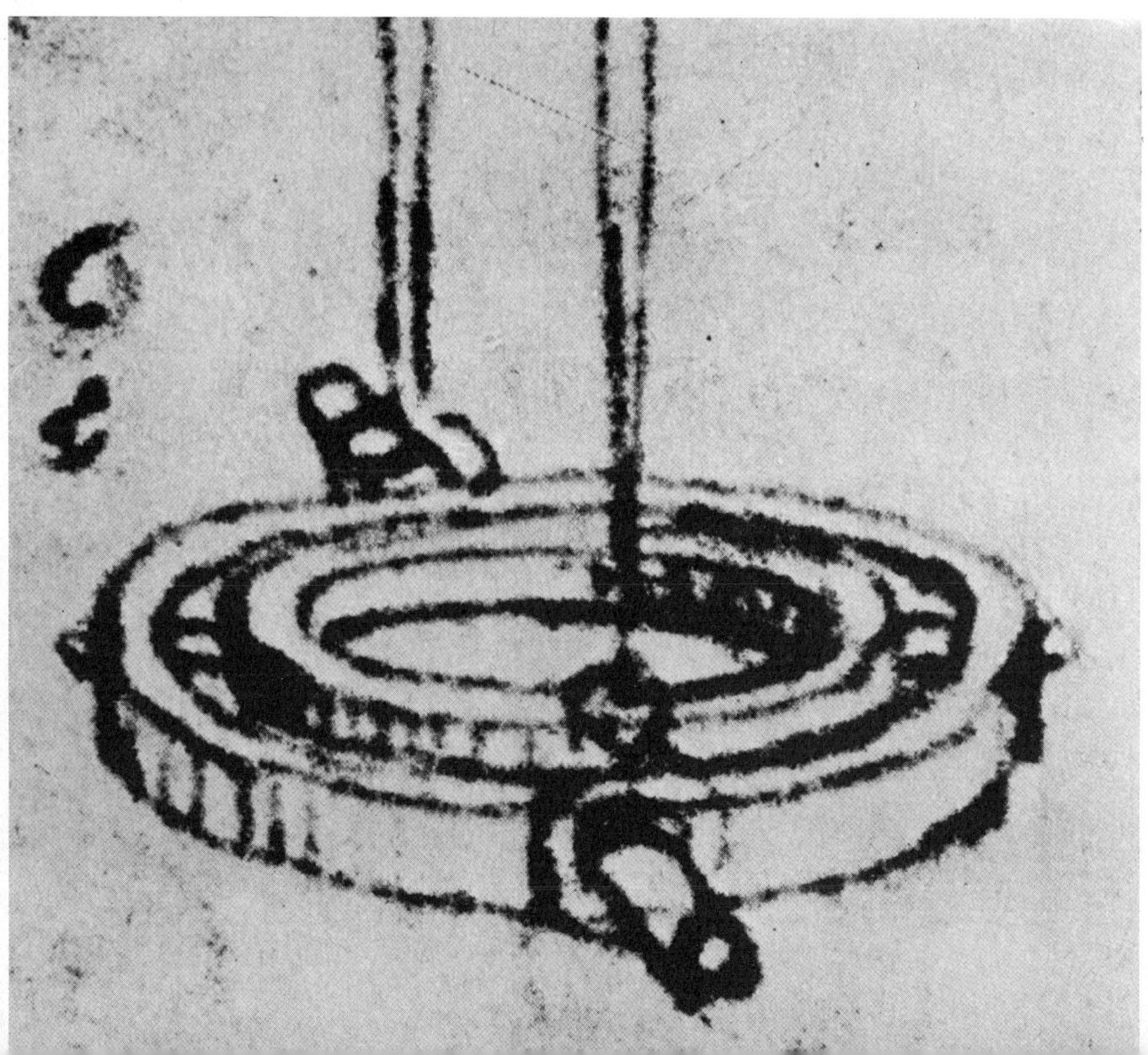

58. Rechts: *Vierflügeliges Rad*
Unten: *Zweiflügeliges Rad*

Leonardo bemerkte, daß die Genauigkeit der Uhren bis zu einem gewissen Grade von den Wetterbedingungen abhängig war. Die Temperatur wie die Luftfeuchtigkeit konnten sich auf die Hemmung auswirken – bei hoher Luftfeuchtigkeit pflegten Uhren beispielsweise langsamer zu gehen. So begann Leonardo zu prüfen, wie sich der Luftwiderstand nutzbar machen ließe, um bestimmte Teile des Mechanismus vorsätzlich zu verlangsamen. Er entwickelte eine Vorrichtung, das Flügelrad, um das Abspulen der Federn oder das Fallen der Gewichte zu verlangsamen. Es handelte sich einfach um eine drehbare Spindel mit Flügeln, die den Luftwiderstand als Reguliervorrichtung ausnutzte. Durch geringfügige Veränderungen hinsichtlich der Zahl und Größe dieser schaufelartigen Flügel konnte die Drehgeschwindigkeit der Spindel verändert werden.

Das abgebildete Zweiflügelrad soll das Fallen des Gewichts, das den Schlagmechanismus der Uhr betätigt, verlangsamen. Durch ein Zahnsegment dreht sich das Flügelrad erst in die eine, dann in die andere Richtung. Es wird durch einen Stift hin- und herbewegt, der in einer Rinne an der Außenkante eines Rades läuft, welches durch die absteigenden Gewichte bewegt wird. Leonardo scheint sich für die Eigenschaften verschiedener Flügelradformen interessiert zu haben. Neben die Darstellung des Vierflügelrades notierte er: ›Welches Flügelrad wird der dagegenstoßenden Luft beim Drehen mehr Widerstand leisten, ein Flügelrad mit zwei Flügeln oder eines mit vier oder acht Flügeln?‹

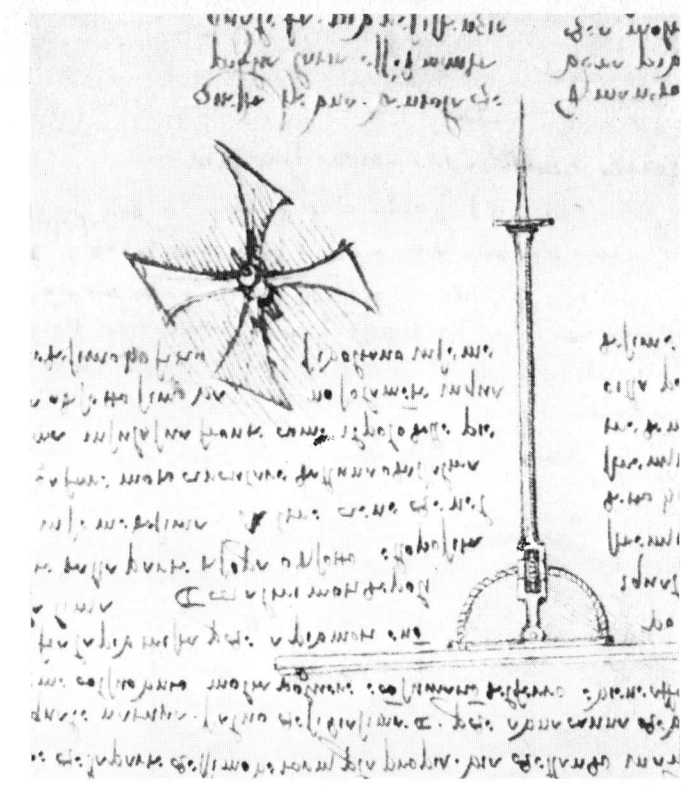

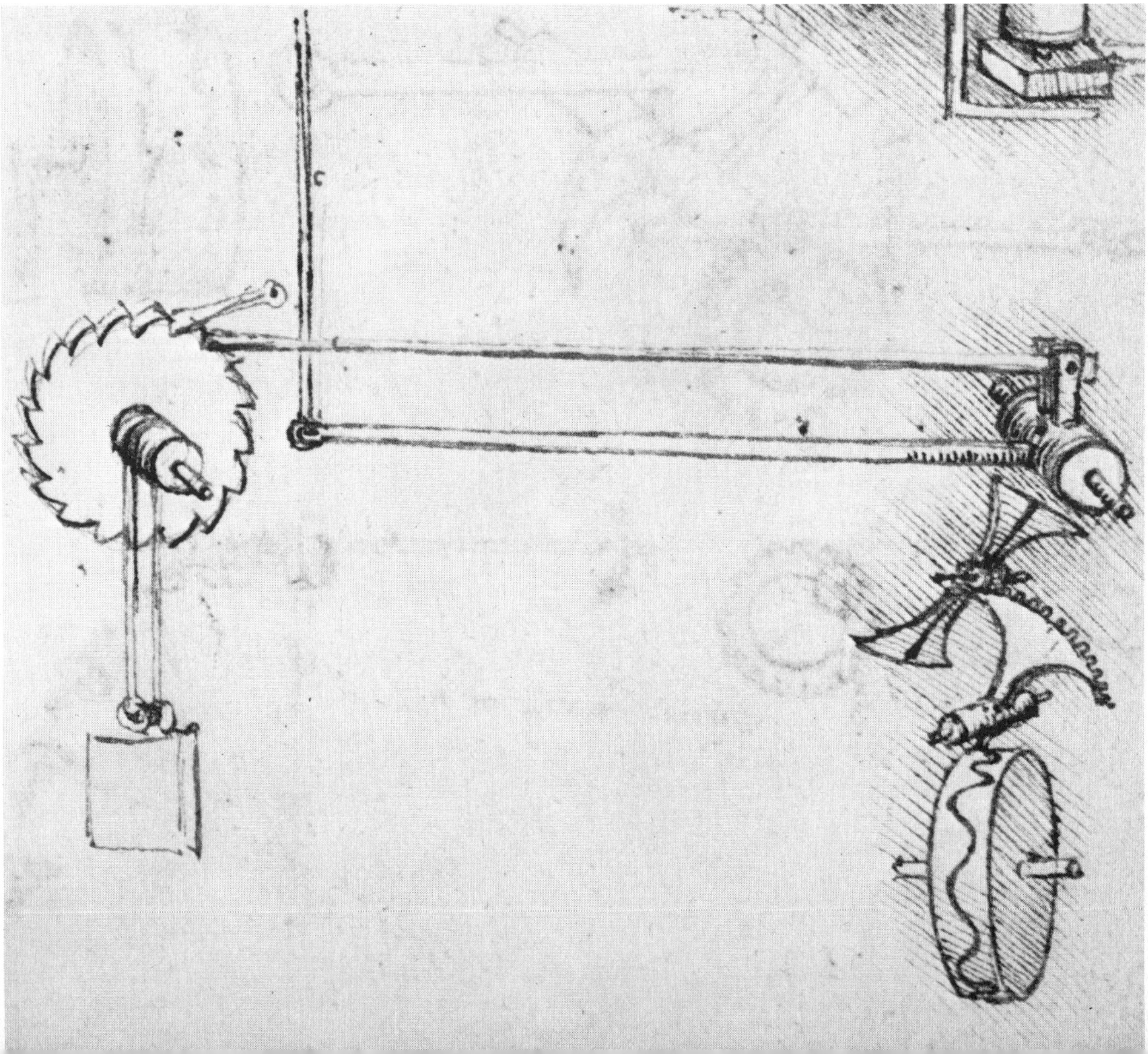

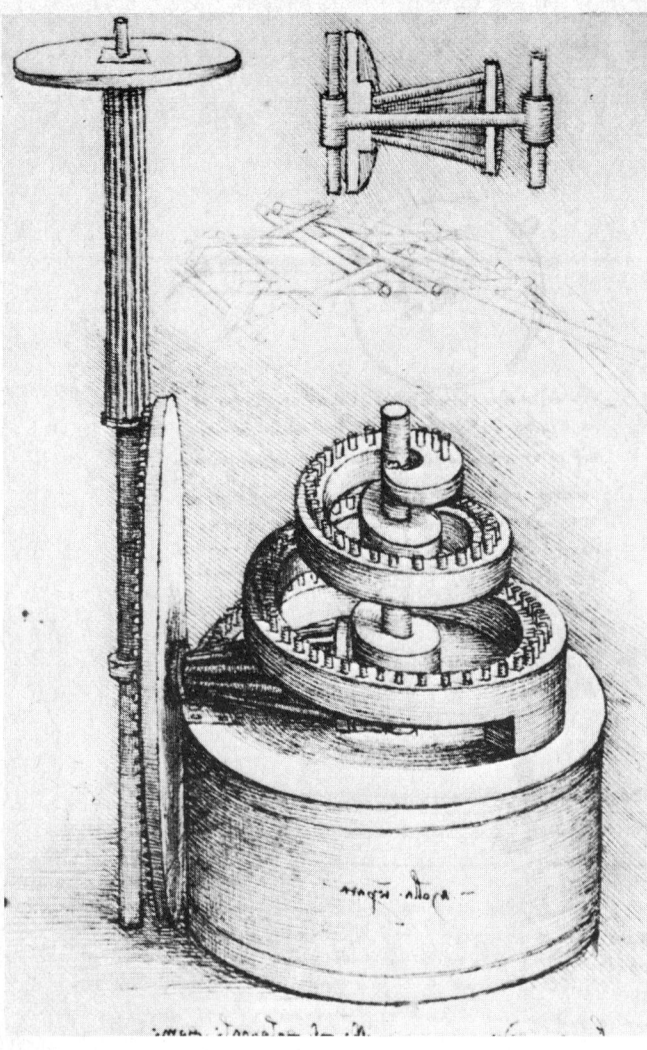

59. *Ausgleichsmechanismus für Uhrfedern*

Durch die Entdeckung des *Codex Madrid* ist Leonardos Interesse an Uhren bekannt geworden. Er lebte zu einer Zeit, da die Bauweise mechanisch betriebener Uhren ständig verbessert wurde und das Uhrmacherhandwerk, vielleicht wegen der Größe der Uhren an öffentlichen Bauwerken, dem Maschinenbauer ein weites Betätigungsfeld eröffnete.

Dies ist eine von mehreren Zeichnungen, in denen Leonardo Verbesserungen für die Schnecke vorsieht. Schon vor Leonardos Zeit hatten Uhrmacher begonnen, statt der Fallgewichte den Federantrieb zu verwenden. Federn pflegten beim Ablaufen an Spannung zu verlieren; dies war durch die Erfindung der Spindel im 15. Jahrhundert behoben worden, die die ungleichmäßige Spannung der Feder ausglich. Gewöhnlich bestand die Spindel aus einer konischen Walze, welche die Darmsaite oder Kette langsam zu der ablaufenden Feder weiterbewegte. Von Nachteil war, daß die Darmsaite oder Kette sich zu dehnen oder zu reißen pflegte. Dies veranlaßte Leonardo, nach einem Ausgleichsmechanismus für die nachlassende Spannkraft der Feder zu suchen. Die Zeichnung stellt einen von drei sehr ähnlichen Versuchen dar, einen kegelförmigen Ausgleichsmechanismus zu entwickeln, der über ein Getriebe direkt mit der Feder verbunden ist, die sich in dem trommelförmigen Unterbau der Vorrichtung befindet. Während das Ritzel die langsam sich drehende Zahnradspirale emporsteigt, gleitet seine Achse die Federachse und die senkrechte Welle links hinauf. Infolgedessen bleibt die Federspannung, übertragen auf das lange Triebstockgetriebe nahe dem oberen Ende der langen Welle, konstant. Über der Hauptzeichnung ist das Ritzel mit seiner feststehenden, aber auf- und niedergleitenden Achse im Schnitt dargestellt.

Ob der Mechanismus funktioniert hätte, ist nicht bekannt, er ist aber ein interessantes Beispiel von Leonardos schöpferischer Phantasie bei der Bewältigung eines Zeitproblems und dokumentiert wieder einmal sein Zeichentalent.

60. Oben rechts: *Wärmemesser, um die Ausdehnung von Dampf zu messen*

Obwohl Dampfkraft und Heißluft zu Leonardos Zeit ziemlich das gleiche bedeutete, entwarf er eine Meßeinrichtung, um das Ausdehnungsvermögen von Dampf festzustellen. Unter normalen Umständen vergrößert sich das Volumen von Dampf um das 1700fache der Wassermenge, aus der er entsteht. Leonardo muß Versuche angestellt haben, um auf diese Zahl zu kommen. Sein Meßgerät war bescheiden: Ein aus sehr dünnem Kalbfell gefertigter Sack wurde zur Hälfte mit Wasser gefüllt, in einen quadratischen, oben offenen Behälter gestellt und das Wasser erhitzt. Über den Sack wurde ein flaches, bis an die Seiten des Gefäßes reichendes Brett gedeckt. Es war mit einem Gegengewicht verbunden, an dessen Bewegung sich ablesen ließ, ›um wieviel an Volumen Wasser zunimmt, wenn es verdampft‹.

Einige Seiten weiter im *Codex Leicester* sind Seil und Gegengewicht durch eine Stange ersetzt, was darauf hindeutet, daß Leonardo nahe daran war, den Kolben und Zylinder der Dampfmaschine zu erfinden. Es ist gesagt worden, Leonardos Zeichnungen enthielten die Anfänge der Dampfmaschine, und Huygens und Papin haben sicherlich ähnliche Versuche unternommen, ehe sie ihre Maschinen entwickelten. Beim Entwurf für seine Dampfkanone (Abb. 36) hat Leonardo die plötzliche Expansion von Dampf nutzbar gemacht.

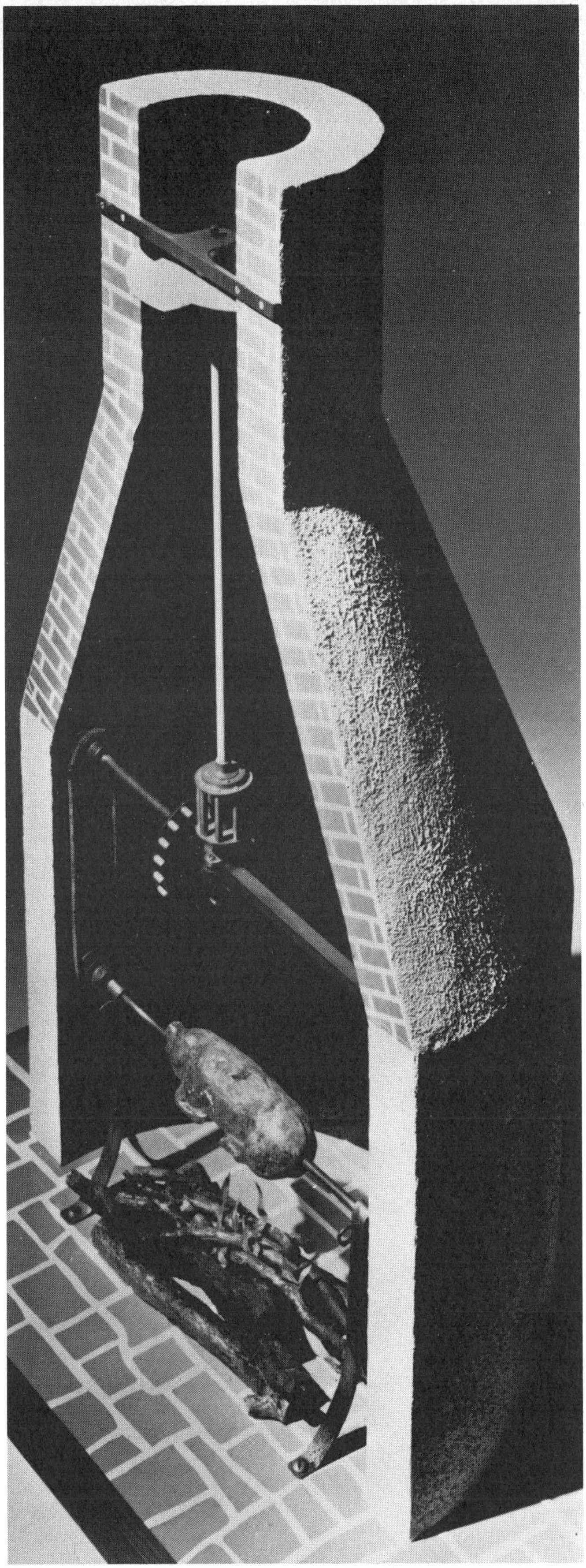

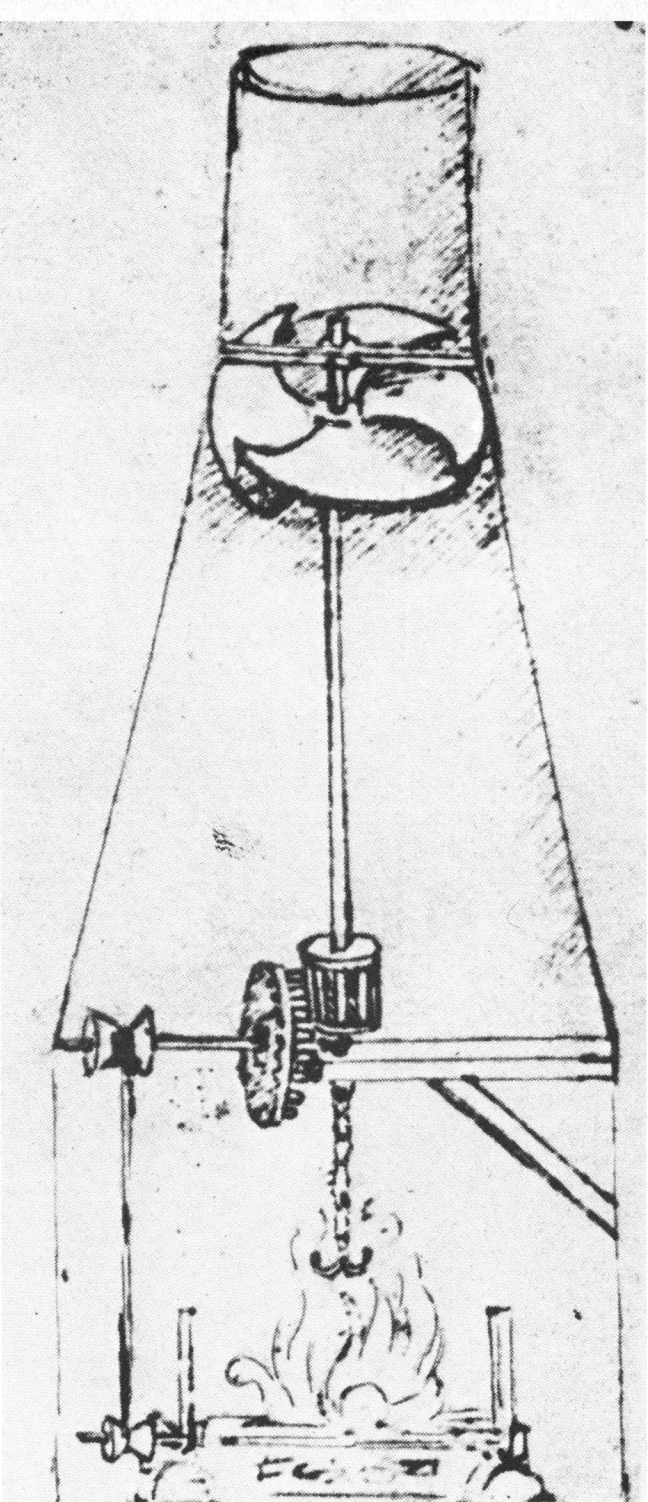

61. Oben: *Von einer Luftschraube angetriebener Bratenwender*
Links: *Modell des automatisch betriebenen Bratspießes*

Dieser ›automatisch‹ betriebene Bratspieß besitzt den Vorzug, einfach gebaut und praktisch anwendbar zu sein. Entwickelt hat Leonardo diesen Mechanismus vielleicht nicht, er zeigt aber, daß er die Wirkungsweise der Luftschraube kannte, die durch den aus dem Feuer aufsteigenden Luftzug angetrieben wird. Vor dem Feuer wurde das Fleisch auf den Bratspieß aufgespießt, und die Drehung der Luftschraube wurde mittels Riementrieb und ›Laterngetriebe‹ übertragen. Der einfache Mechanismus dieser Vorrichtung bestand darin, daß sich ›der Braten langsamer oder schneller dreht, je nachdem, ob die Flamme schwächer oder stärker brennt‹, da bei größerem Feuer ein stärkerer Luftzug entsteht.

62. Links: *Archimedes-Schnecken, mit denen Wasser in zwei Etappen auf einen Turm befördert wird*

Zu Leonardos Zeit verfügte man über beträchtliche Kenntnisse von Wasserhebewerken. Vorlagen für Wasserhebevorrichtungen stammten von Vitruv und wurden von Alberti, Francesco di Giorgio und Giuliano da Sangallo übernommen. Verrocchio, ein erfahrener Wasserbauingenieur, vermittelte Leonardo das technische Wissen und weckte sein Interesse für dieses Sachgebiet.

Diese Konstruktion der beiden Archimedes-Schnecken zur Wasserbeförderung auf einen Turm in zwei Etappen ist bezeichnend für Leonardos Fähigkeit, das technische Wissen seiner Zeit durch neue Anwendungsmöglichkeiten zu bereichern. Die Zeichnung offenbart aber mehr als nur die geschickte Hand eines weitblickenden Ingenieurs; seine Erfahrungen als Künstler und Architekt gehen in den Entwurf einer Vorrichtung ein, deren Funktion und Wirkungsweise sofort klar ist. Das Wasserrad dreht die beiden Schrauben, die das Wasser auf den Turm befördern, so daß eine Druckhöhe entsteht, die vielleicht für die Wasserversorgung einer Stadt ausreichend ist.

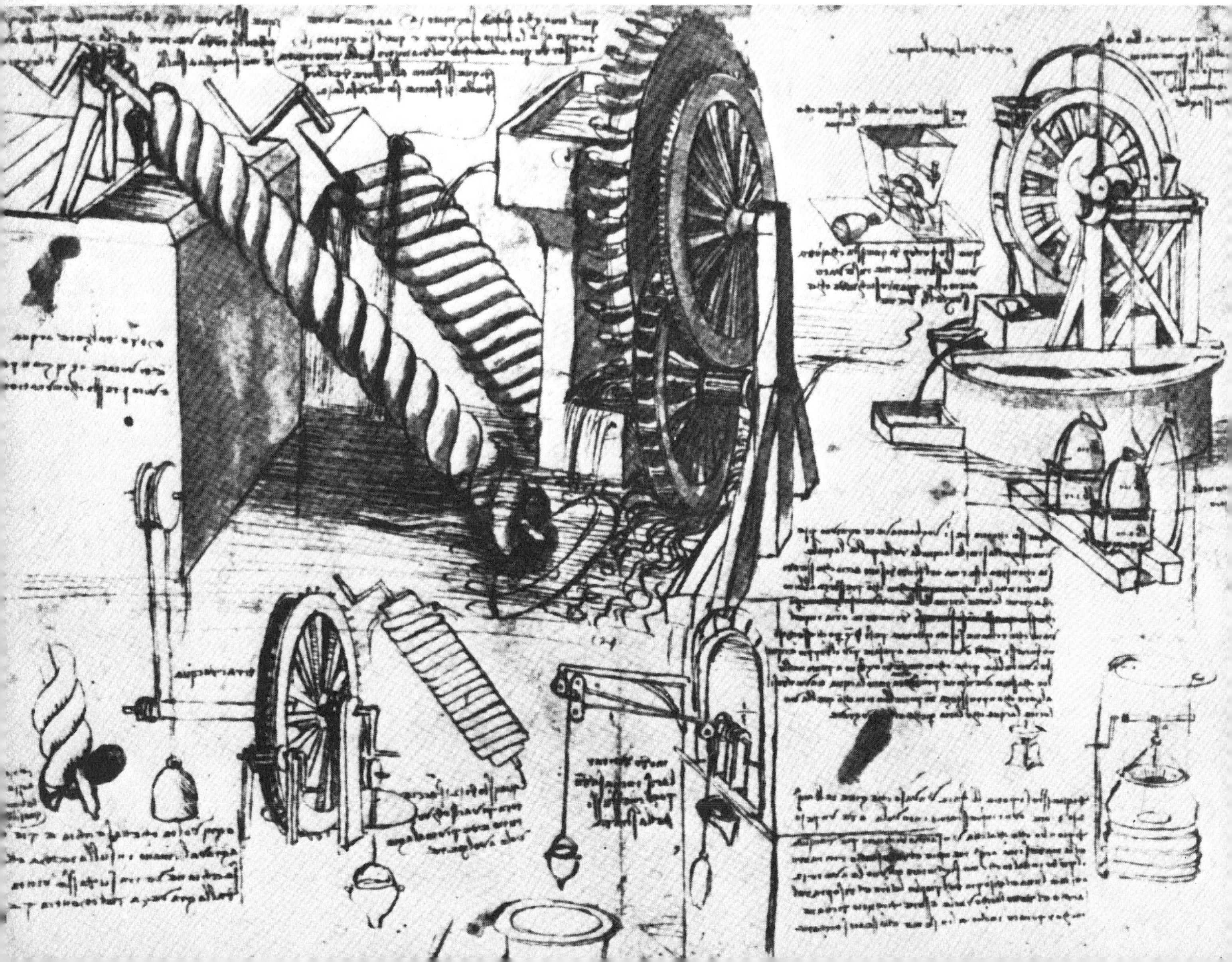

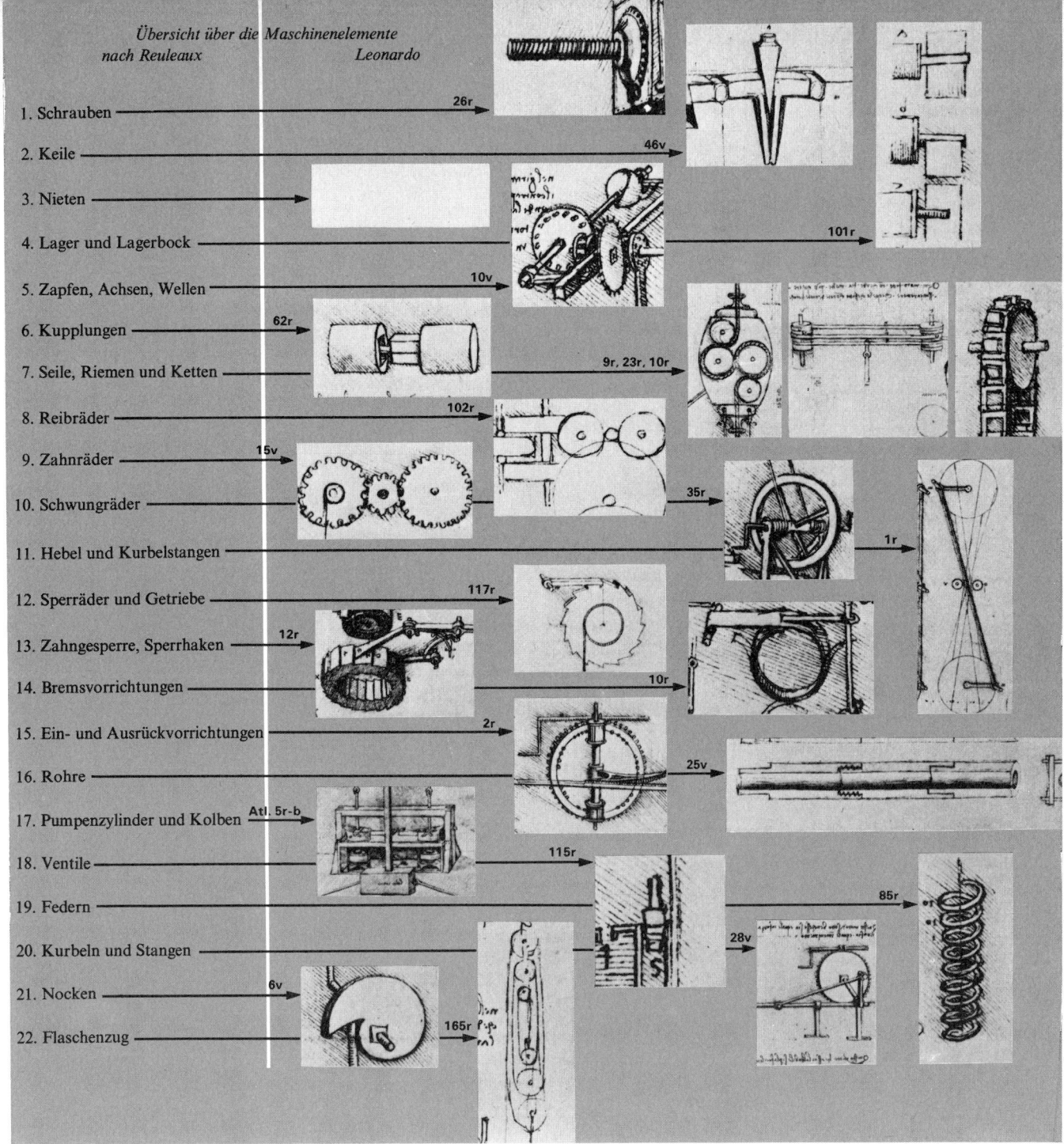

Übersicht über die Maschinenelemente
nach Reuleaux   Leonardo

1. Schrauben ————————————— 26r
2. Keile ————————————— 46v
3. Nieten —————————————
4. Lager und Lagerbock ————————— 101r
5. Zapfen, Achsen, Wellen ————— 10v
6. Kupplungen —— 62r
7. Seile, Riemen und Ketten ——— 9r, 23r, 10r
8. Reibräder ————— 102r
9. Zahnräder —— 15v
10. Schwungräder ————————— 35r
11. Hebel und Kurbelstangen ———————— 1r
12. Sperräder und Getriebe ————— 117r
13. Zahngesperre, Sperrhaken —— 12r
14. Bremsvorrichtungen ——————————— 10r
15. Ein- und Ausrückvorrichtungen ————— 2r
16. Rohre ————————————— 25v
17. Pumpenzylinder und Kolben — Atl. 5r-b
18. Ventile ————————————— 115r
19. Federn ————————————— 85r
20. Kurbeln und Stangen ——————— 28v
21. Nocken —— 6v
22. Flaschenzug — 165r

63. Links unten: *Brunnenpumpen, Wasserräder und Archimedes-Schnecken*

Die hier dargestellten verschiedenen Wasserhebevorrichtungen veranschaulichen, auf welche Weise Leonardo die technischen Hilfsmittel seiner Zeit zu verbessern wußte. In der Konzeption enthalten die Zeichnungen nichts Originelles, sie zeigen aber alle Verbesserungen bestehender Antriebsräder oder neuartige Möglichkeiten ihrer Anwendung. Ein gutes Beispiel hierfür ist Leonardos Variante der Archimedes-Schnecke: Bei der klassischen Form saß eine Schraube fest in einem langen Zylinder, so daß das Wasser in dem spiralig verlaufenden Kanal, der auf diese Weise entstand, aufstieg. Daß bei einer solchen Vorrichtung viel Reibung entsteht und das Wasser durchsickert, ist offenkundig. Leonardos Variante bestand aus spiralenförmig um einen langen Zylinder gelegten Rohrleitungen, in deren Windungen bei der Rotation Wasser aufsteigen konnte, wenn die Schraube den richtigen Neigungswinkel hatte.

64. Oben: *Die Maschinenelemente*

Diese Übersicht über die Maschinenelemente wird mit freundlicher Erlaubnis des Verlages von *Künstler, Forscher, Magier* nachgedruckt. Sie zeigt, daß Leonardo alle Maschinenteile kannte, die Franz Reuleaux im 19. Jahrhundert in seinem Werk über Maschinen aufführte, als die Industrialisierung, die Leonardo nicht voraussah, zur treibenden Kraft eines Zeitalters wurde und alle möglichen Maschinen das Leben beherrschten. Diese Übersicht macht deutlich, daß sich, mit Ausnahme der Nieten, alle Teile des Verbrennungsmotors beispielsweise schon 400 Jahre vor seiner Erfindung im Werke Leonardos vorfinden, und das trotz des verhältnismäßig primitiven Materials, das ihm zur Verfügung stand. Durch die Industrialisierung sind Leonardos Zeichnungen im Bereich der Maschinenbautechnik noch bedeutender geworden, als wenn die Entwicklung nicht in diese Richtung gegangen wäre. Zahlreiche Baupläne moderner Maschinen finden sich schon 250 Jahre vor Beginn der Industriellen Revolution im Schaffen dieses Mannes.

Wasserfahrzeuge
und wasserbautechnisches Gerät

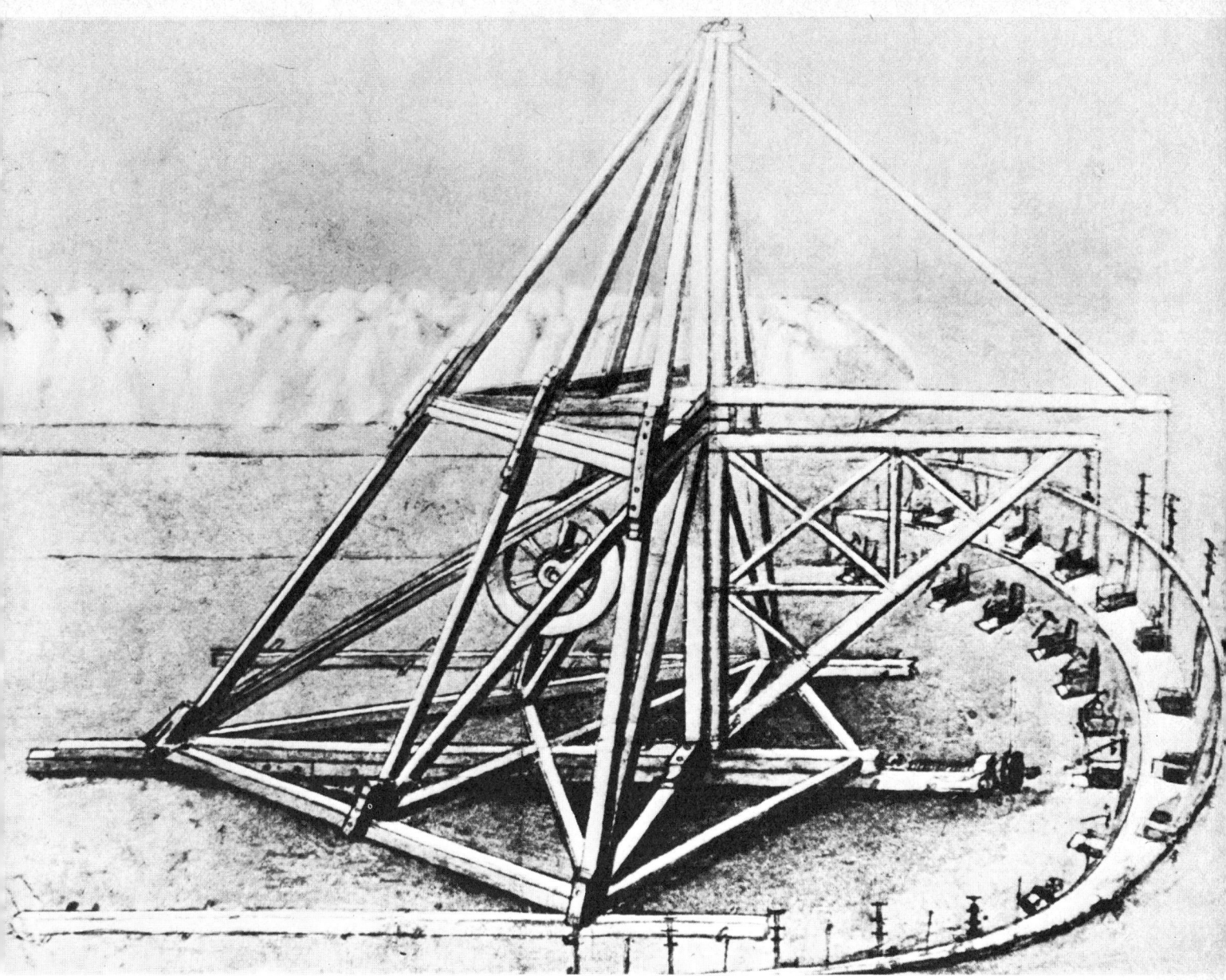

65. *Durch Tretmühle angetriebene Kanalbaumaschine*

Wahrscheinlich entwickelte Leonardo diese Maschine im Zusammenhang mit dem Vorhaben der Stadt Florenz, den Arno durch Kanäle umzuleiten. Dieses ehrgeizige Projekt, das Leonardo vorgeschlagen hatte, wurde jedoch fallengelassen, so daß der Fluß bis hinein in unsere Zeit eine Bedrohung für die Stadt geblieben ist.

Da Leonardo vorsah, Kanäle von gewaltigen Ausmaßen anzulegen – bis 19 m breit und 6 m tief –, waren die Kosten für die benötigten Arbeitskräfte wahrscheinlich unerschwinglich, wenn nicht spektakuläre mechanische Vorrichtungen zur Arbeitserleichterung eingesetzt werden konnten. Diese Maschine sollte die schwersten Kanalbauarbeiten erleichtern, da sie gleichzeitig das Kanalbett ausschachten und das Erdreich abtransportieren sollte.

Sie war auf drei parallellaufenden Schienen montiert, besaß zwei Derrick-Krane, von denen die einer über dem anderen an der Mittelstütze angebracht waren, um 180° schwenkbar. Die Grabungsarbeiten gingen in breiter Front auf zwei verschiedenen Höhen vor sich. Man nahm an, daß es sich bei den Telegraphenstangen ähnlichen Geräten am Rande des Grabungsfeldes um Anstichvorrichtungen handelt, die bei jeder Bewegung Erde in die Eimer warfen, die dann, wenn sie gefüllt waren, von den Kranen zu nahe gelegenen Halden befördert wurden. Krane wie Anstichvorrichtungen wurden wahrscheinlich durch eine Tretmühle angetrieben, und das ganze Gerüst ließ sich mittels einer Schraubenwinde, die unter der Mittelschiene sichtbar ist, vorziehen.

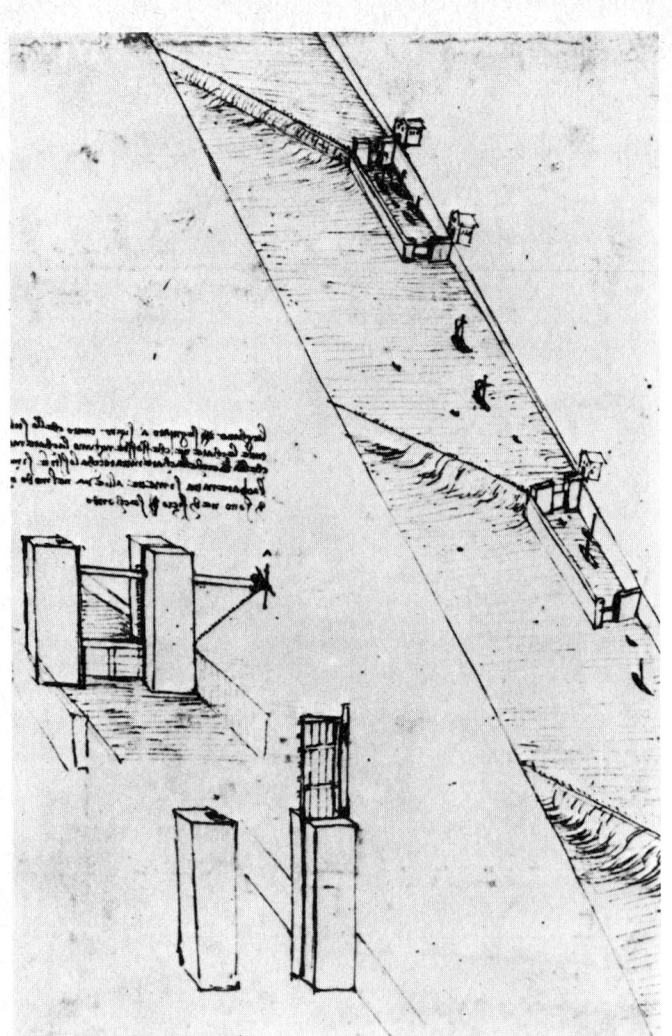

66. Links: *Kanal mit Schleusen und Wehren*

Diese bis ins Detail ausgearbeitete Zeichnung, zwischen 1480 und 1485 entstanden, veranschaulicht, wie sich der Wasserstand in einem Kanal verändern läßt. Der Kanal ist mit zwei Schleusenkammern ausgestattet, die seitlich an Wehre angrenzen. Schiffe passieren gerade die Schleusen, an denen die Pförtnerhäuser für die Schleusenmeister stehen. Links neben der Hauptzeichnung ist der Mechanismus der Schleusentore veranschaulicht.

Das Schleusentor ist wahrscheinlich holländischen Ursprungs und im 15. Jahrhundert entstanden. Die Welle europäischer Kanalbauprojekte in der zweiten Hälfte des 15. Jahrhunderts veranlaßte Leonardo, sich mit Plänen für Kanäle und Schleusen zu befassen. Als er 1482 in Mailand eintraf, vertiefte er sich in die Pläne für das Kanalsystem, das die zu Anfang des Jahrhunderts herrschende Familie der Visconti vorgesehen hatte. Er notierte, daß die Schleusen nach Art eines Fallgatters über die passierenden Schiffe hochgezogen werden sollten. Von diesem Typ sind die hier dargestellten Schleusen, jedoch mit einer entscheidenden Veränderung: War die Schleuse mittels Winde bis zu der liegenden Welle hinaufgezogen, konnte das Schleusentor seitlich in die Stützpfeiler geschwenkt werden, so daß es für die passierenden Segelschiffe keine Begrenzung in der Höhe mehr gab.

67. Unten: *Schwimmbagger*

Leonardo entwarf verschiedenartige Baggermaschinen, mit denen Schlick und Schlamm aus Kanälen und schiffbaren Flüssen gebaggert werden konnte. Dieses ›Gerät zum Ausheben der Erde‹ ist zwischen zwei Lastkähnen montiert, die ihm, ähnlich wie bei einem Katamaran neuerer Zeit, Standfestigkeit geben. Das Zahnrad wird durch eine Kurbel oder Winde an der Achse gedreht. Um dieses Zahnrad sind vier Schaufeln angeordnet, die nacheinander eine Ladung Schlamm aufnehmen, weiterbefördern und schließlich in einen Lastkahn kippen. Durch einen Pflock werden die Lastkähne an ihrem Standort gehalten und können zur nächsten Einsatzstelle vorgezogen werden.

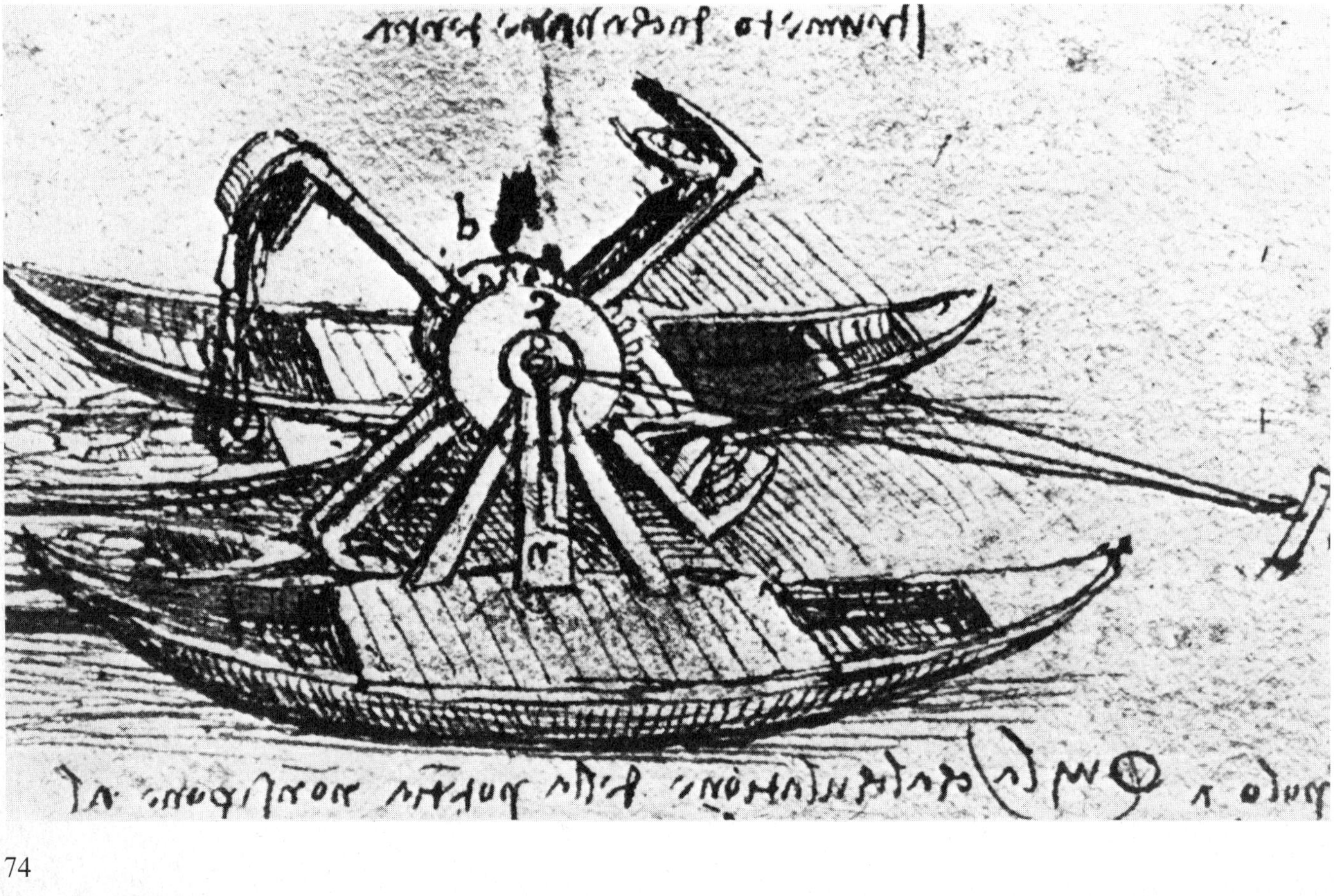

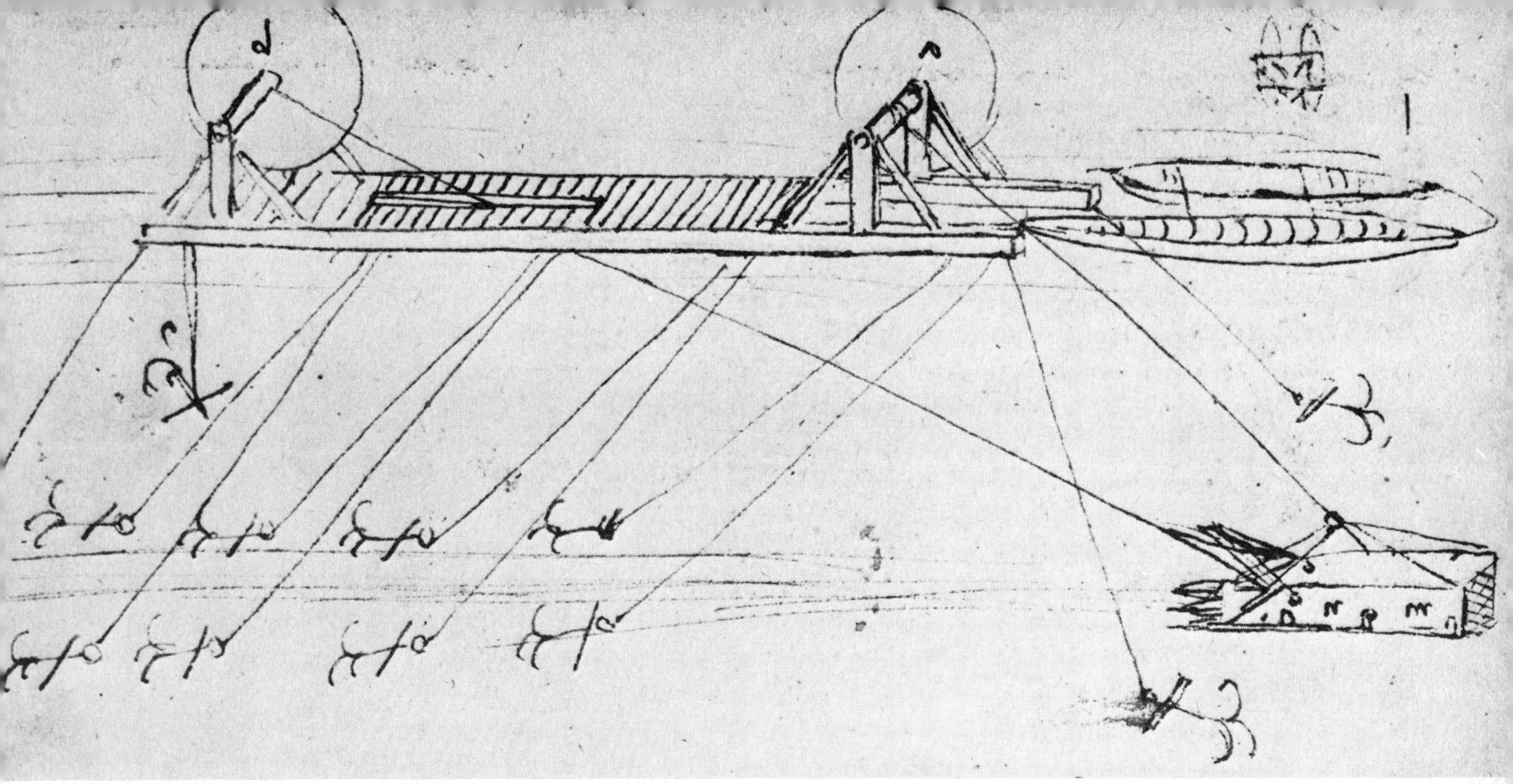

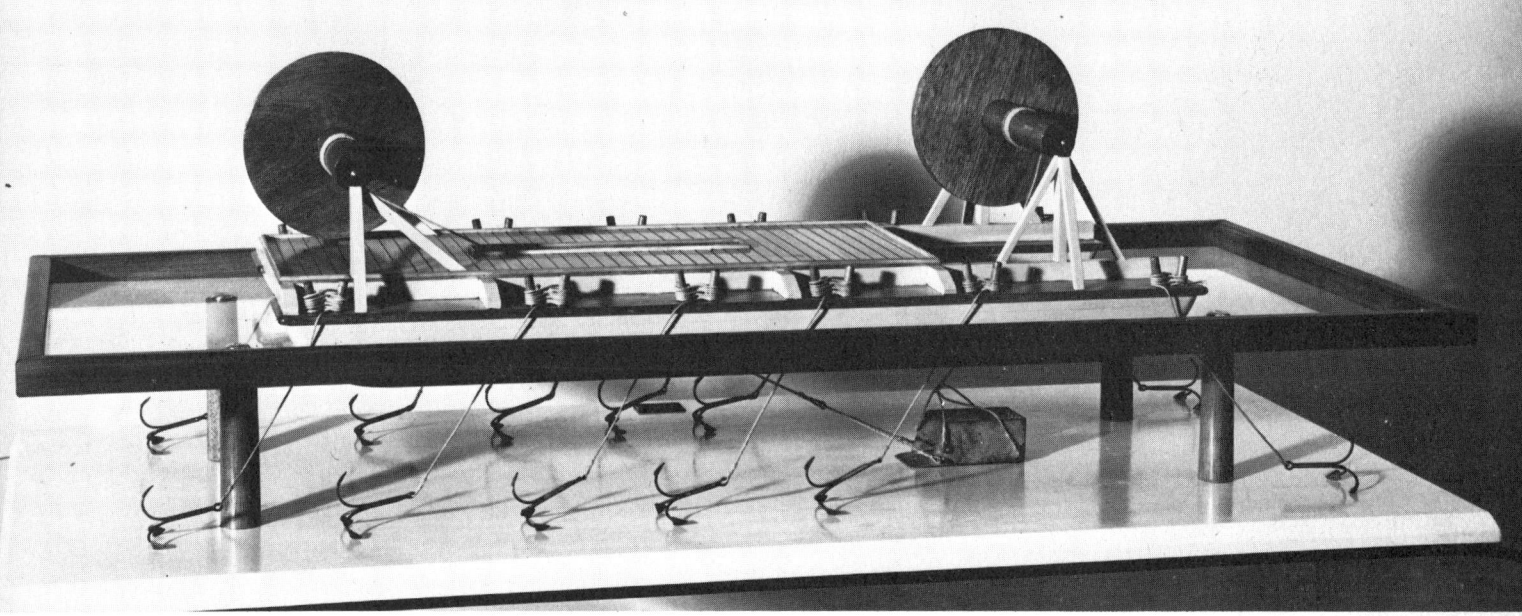

68. Oben: *Hafenbagger*
Unten: *Modell eines Hafenbaggers*

Diese einfache Zeichnung macht deutlich, wie Leonardo das Baggern in größerer Tiefe im großen Maßstab zu bewerkstelligen gedachte. Das auf der vorhergehenden Seite abgebildete einfache Gerät konnte bei Kanälen oder Flüssen eingesetzt werden, die von Schleppkähnen mit geringem Tiefgang befahren wurden, für Hochseeschiffe aber, die selbst zu Leonardos Zeit schon einen Tiefgang bis zu 5 m haben konnten, benötigte man für Hafenanlagen und Quais einen tiefergehenden Bagger, besonders bei dem fast gezeitenlosen Mittelmeer.

Der lange Bagger war mit zahlreichen Ankern ausgestattet, durch die er im Grund verankert wurde, damit er der Zugkraft eines großen kastenartigen Baggereimers standhielt. An seiner offenen Vorderseite war der Eimer mit Zinken bestückt, die an Pflugscharen und Messer erinnern, und die Rückseite war mit Löchern versehen, so daß das Wasser hindurchfließen konnte. Der sogenannte ›Pflug‹ wurde nun über die Stelle gezogen, von welcher der Schlamm abgetragen werden sollte. Mit der linken Ankerwinde des Baggers (in der Zeichnung mit ›b‹ in Spiegelschrift bezeichnet) wurde der Pflug bis unter die zweite Ankerwinde (›a‹ in Spiegelschrift) gezogen, die den Pflug aus dem Wasser hochzog, so daß seine Ladung in einen Lastkahn gekippt werden konnte.

69. Oben: *Eine Gegenüberstellung der Formen von Fischen und Schiffsrümpfen*

Solange in Europa Schiffe noch aus Holz gezimmert wurden, galt unter Schiffbauern die Binsenweisheit, daß der Rumpf einen ›Dorschkopf und Makrelenschwanz‹ haben sollte. In den älteren Werken über Schiffbautechnik, beispielsweise in Matthew Bakers Aufzeichnungen, finden sich tatsächlich Entwürfe für Handelsschiffe, deren Unterwasserteil des Rumpfes fischförmig gestaltet ist.

Für Leonardo, der zwei Jahrhunderte vor Baker lebte, war das Naturstudium Ausgangspunkt jeglicher Forschung. Hatte man erst einmal das Naturgesetz erkannt, das allem zugrunde liegt, selbst dem Maschinenbau, dann war es leicht, zweckmäßige Verbesserungen zu finden. Das Studium der Strömungslehre begann offensichtlich mit dem Untersuchen von Formen, die die Natur für die Unterwasser-Fortbewegung vorgesehen hat. In dieser Zeichnung legt er die Nachteile der drei oberen Formen zugunsten der letzten Form dar, die an die Seitenansicht eines Fisches erinnert.

70. Oben rechts: *›Schwimmer‹ zur Fortbewegung auf dem Wasser*

Diese für sich sprechende Zeichnung eines Mannes, der mit dem Tragvermögen der Schuhe und Stöcke über das Wasser dahingleitet, ist bezeichnend für Leonardos Wesen, nichts hinzunehmen, was seiner Zeit als ein Naturgesetz erschien. Wenn Fliegen und ein Leben unter Wasser für Leonardo theoretisch möglich waren, warum dann nicht die Fortbewegung auf dem Wasser? Haltung und Ausrüstung dieses Renaissance-Amphibienwesens ähneln einem Skiläufer unserer Zeit, doch dachte Leonardo bei seiner Zeichnung nicht an einen Freizeitsport, sondern an die Folgerungen, die sich militärisch ergaben, wenn man Wassergrenzen überwinden konnte.

71. Links unten: *Taucheranzug*
Rechte Seite Mitte: *Modell eines Taucheranzuges*
72. Rechte Seite links: *Schnorchel*
73. Rechte Seite rechts oben: *Rettungsring*

Schon lange, bevor Leonardo die Idee aufgriff, Menschen in die Lage zu versetzen, sich unter Wasser zu bewegen, hatte das Tauchen und die Tauchausrüstung die Erfinder beschäftigt. In den Werken seiner Vorgänger waren phantasievolle, doch völlig unpraktische Taucherglocken ein häufig dargestellter Gegenstand, während Taucheranzüge sowohl bei Keyser wie in der *Anonymen Handschrift der Hussitenkriege* im ausgehenden 14. und beginnenden 15. Jahrhundert erscheinen. Alberti setzte 1447 genuesische Taucher ein, um die gesunkenen römischen Galeeren im Nemi-See zu heben.

Leonardo setzte einfach seine überragenden Fähigkeiten ein, die Taucherausrüstung in ihren Formen zu verbessern; dies führte bisweilen zu ziemlich modern anmutenden Geräten. Der rechts

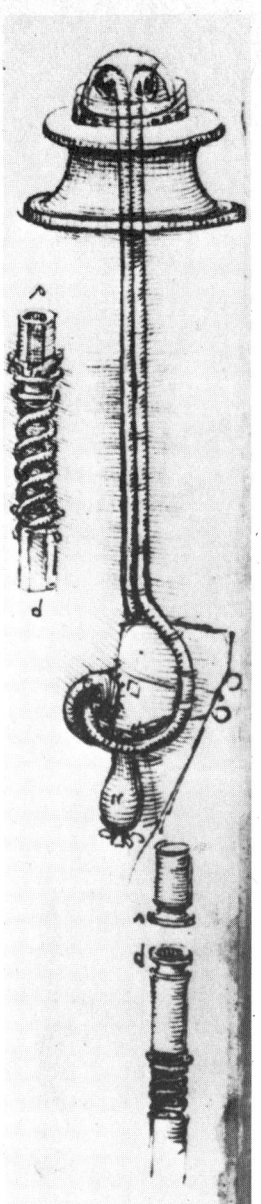

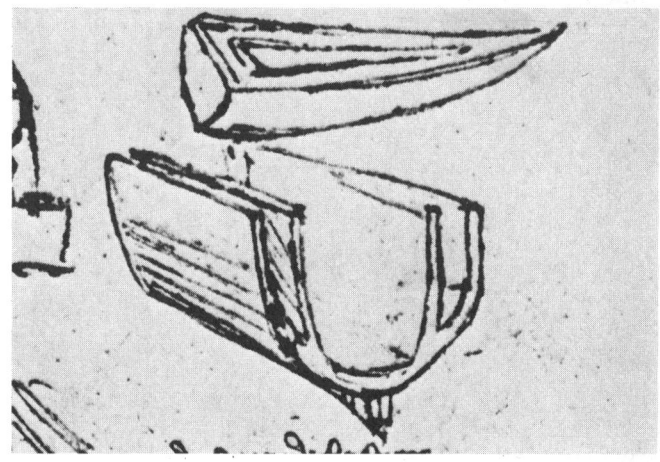

74. Oben: *Doppelwandige und halbtauchende Schiffe*

oben abgebildete Rettungsring ist beispielsweise in der Form recht modern, direkt darüber aber findet sich ein Entwurf für Schwimmhandschuhe (hier nicht abgebildet), die wie die Schwimmflossen eines Froschmanns aussehen.

Leonardos Taucheranzüge sollten vor allem bei der Kriegführung eingesetzt werden: Der Taucheranzug (Abb. 71) ist neben einer Vorrichtung zum Anbohren feindlicher Schiffe dargestellt. Er bestand aus einer wasserdichten Weste, unter der ein Brustschutz aus Panzerblechringen gegen den Wasserdruck getragen wurde. An anderer Stelle zeichnete er eine Tauchausrüstung, zu der Stiefel und Hosen gehörten und die sogar mit ›einem kleinen Schlauch zum Wasserlassen‹ ausgerüstet war. Die Abbildung oben zeigt ein Atemgerät: einen Korkschwimmer, an dem Luftschläuche befestigt sind, von denen verstärkte Rohre hinabführen zu einer Ventilvorrichtung, die Luftzufuhr und Ableiten der verbrauchten Luft regelt.

Die nach diesen Entwürfen gebauten Modelle im Museum für Wissenschaft in Mailand sind nicht nur von der Form her modern, sie sind auch durchaus praktisch.

Diese Zeichnung macht deutlich, daß Leonardo für die offensive wie defensive Kriegführung Kampfmittel ersinnen konnte, die einander sozusagen neutralisieren. Oben ist ein ›Schiff zum Versenken eines anderen Schiffes‹ dargestellt, ein Rumpf, der einem kauernden Mann gerade genug Raum bietet; darüber erhebt sich ein primitiver Kommandoturm mit verschließbarem Deckel. Erst hundert Jahre später gab es das erste einsatzfähige Unterseeboot. Rechts wird gezeigt, durch welches Mittel man einem möglichen Unterwasserangriff standhalten kann. Ein Schiff mit doppelwandigem Rumpf war gegen die Rammversuche feindlicher Schiffe und die Bohrversuche von Tauchern gesichert. Er hatte eine doppelte Verschalung, zwischen der sich ein Hohlraum befand. Leonardo empfahl diese Bauweise ganz allgemein für Schiffe wegen der größeren ›Sicherheit in Kriegszeiten‹. Andererseits findet sich im *Codex Atlanticus* eine Vorrichtung, mit der Taucher die Planken feindlicher Schiffe unter Wasser wegreißen konnten.

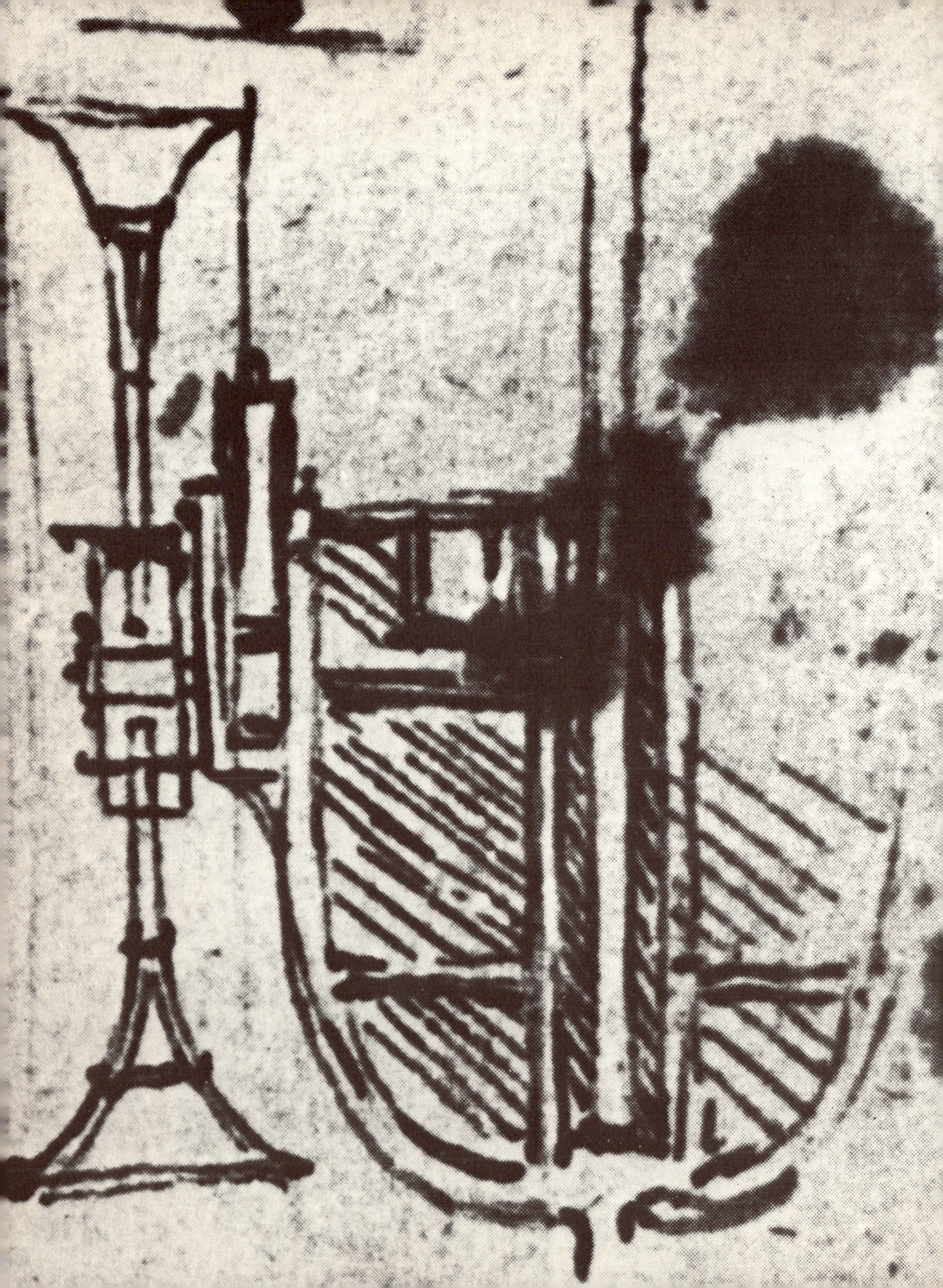

76. Linke Seite: *Boot mit kurbelgetriebenem Schaufelradantrieb, Schwungrad und Getriebe*
Unten: *Modell eines Bootes mit Schaufelradantrieb*

Gerade auf einem Gebiet wie dem Schiffsantrieb mußte Leonardo das Fehlen eines leicht regelbaren Antriebes (wie dem Verbrennungsmotor oder der Elektrizität) als besonders nachteilig empfinden. Alternativen zur Muskel-, Wind- oder Wasserkraft waren für ihn nicht wirklich vorstellbar, und deshalb suchte er nach Möglichkeiten, sie besser nutzbar zu machen. Es war von strategisch weitreichender Bedeutung, wenn sich ein Boot unabhängig vom Wind fortbewegen konnte. Im *Codex Atlanticus* und *Manuskript B* finden sich zahlreiche Entwürfe für Boote mit mechanischem Antrieb.

Leonardo hat hier ein kleines Boot gezeichnet, das vom Typ her Kindern vertraut sein dürfte: ein durch Handkurbel betriebenes Schaufelradboot. Anders als der Ruderer in einem Ruderboot kann hier derjenige, der die Kurbel betätigt, sehen, wohin er fährt.

Diese zwischen 1495 und 1500 entstandene Zeichnung beweist, daß Leonardo Militäringenieure wie Taccola, Valturio und Francesco di Giorgio, um nur einige zu nennen, die alle in ihren militärischen Handschriften Boote mit Schaufelradantrieb darstellten, weit hinter sich gelassen hatte.

Hier ist ein durch Kurbeln angetriebenes Schaufelradboot im Querschnitt dargestellt; es gehört zu einer ganzen Reihe ähnlicher Zeichnungen, die auf ein Blatt im *Codex Atlanticus* skizziert sind. Die Schaufelräder werden durch eine Innenbord-Kurbel in Gang gesetzt, die mit einem großen Schwungrad verbunden ist, um die Totpunkte des Kurbeltriebes leicht zu überwinden. Da das Schwungrad eindeutig das Boot in der Mitte teilt, wäre das andere Schaufelrad durch eine zweite Kurbel anzutreiben. Durch das zwischen Kurbel und Schaufelradachse gesetzte Getriebe erreicht man, daß sich das Schaufelrad schneller dreht als die Kurbel. Dieses Getriebe ist deutlich in der Nachbildung eines solchen Bootes ohne das Schwungrad zu sehen.

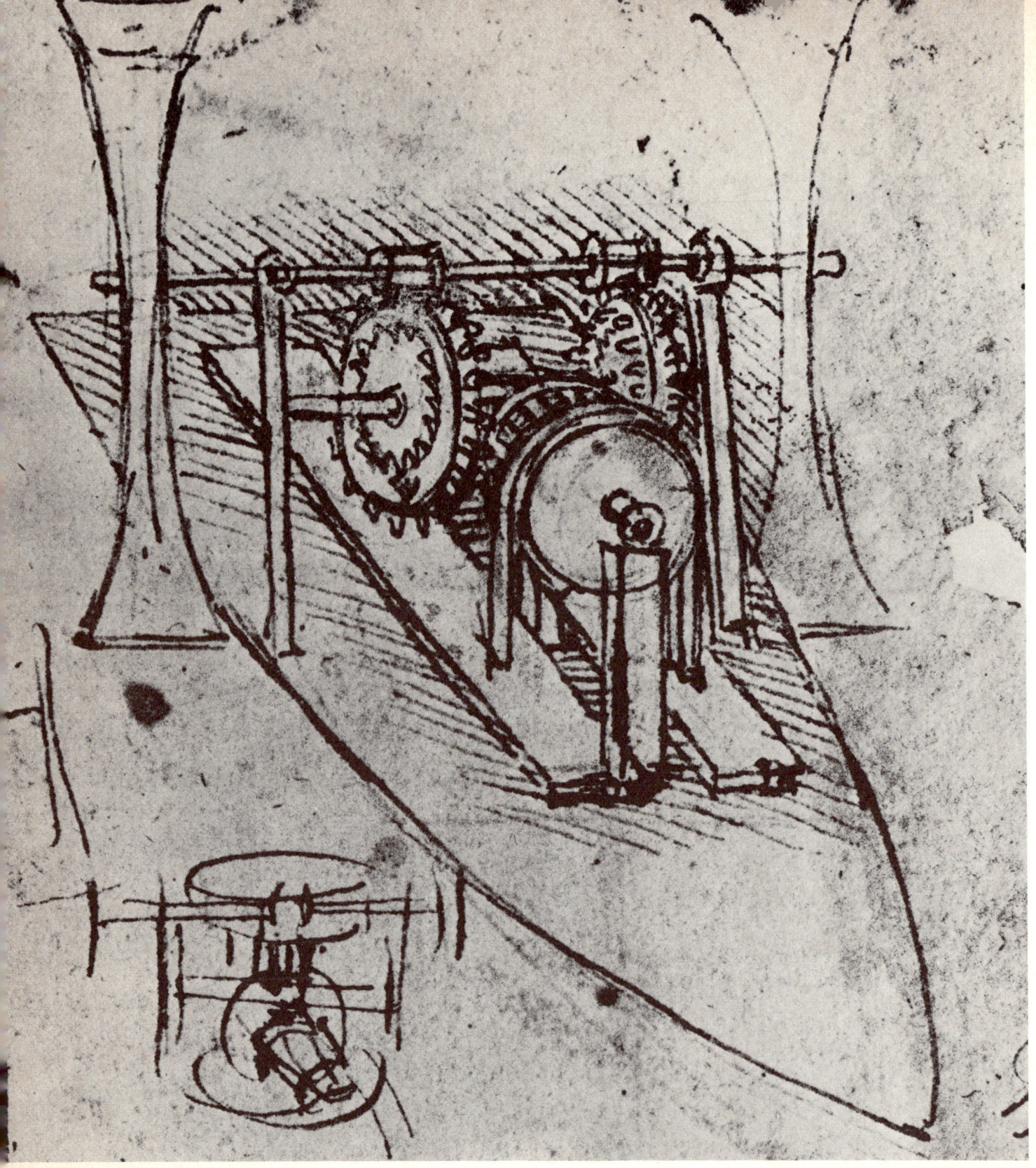

77. *Durch Tretmechanismus angetriebenes Boot*

Auf einem anderen Blatt im *Codex Atlanticus* zeichnete Leonardo einen sinnreichen Mechanismus, um eine hin- und hergehende Bewegung in eine Kreisbewegung umzusetzen: eine Ankerwinde wird durch Hin- und Herbewegen eines Hebels gedreht (Abb. 56). Dieser Mechanismus wurde beim Entwurf dieses großen Bootes angewandt, um die Schaufelräder durch zwei Tretvorrichtungen in Gang zu setzen – eine gute, praktische Anwendungsmöglichkeit.

Durch das Auf- und Niedertreten der Pedale setzt sich der um die mittlere Walze führende Riemen in Bewegung, und indem das Walzengetriebe in die Zahnräder greift, werden die Schaufeln angetrieben. Ein in die Zahnräder eingebaute Sperre sorgt dafür, daß sich die Schaufeln immer in der gleichen Richtung bewegen. Zahlenangaben fehlen, es bedurfte aber keiner besonderen Fertigkeit, das Boot anzutreiben: man mußte lediglich das Gewicht von einem Pedal auf das andere verlagern. Versehen mit einer Steuervorrichtung, wäre ein Boot dieses Antriebssystems bei einem Seegefecht von Vorteil gewesen, da man es unabhängig vom Wind einsetzen konnte. Ohne Kenntnis einer neuen Primärkraft ist dies praktisch das Äußerste, was Leonardo mit seinen Kenntnissen der Mechanik beim Schiffsantrieb möglich war.

Landfahrzeuge

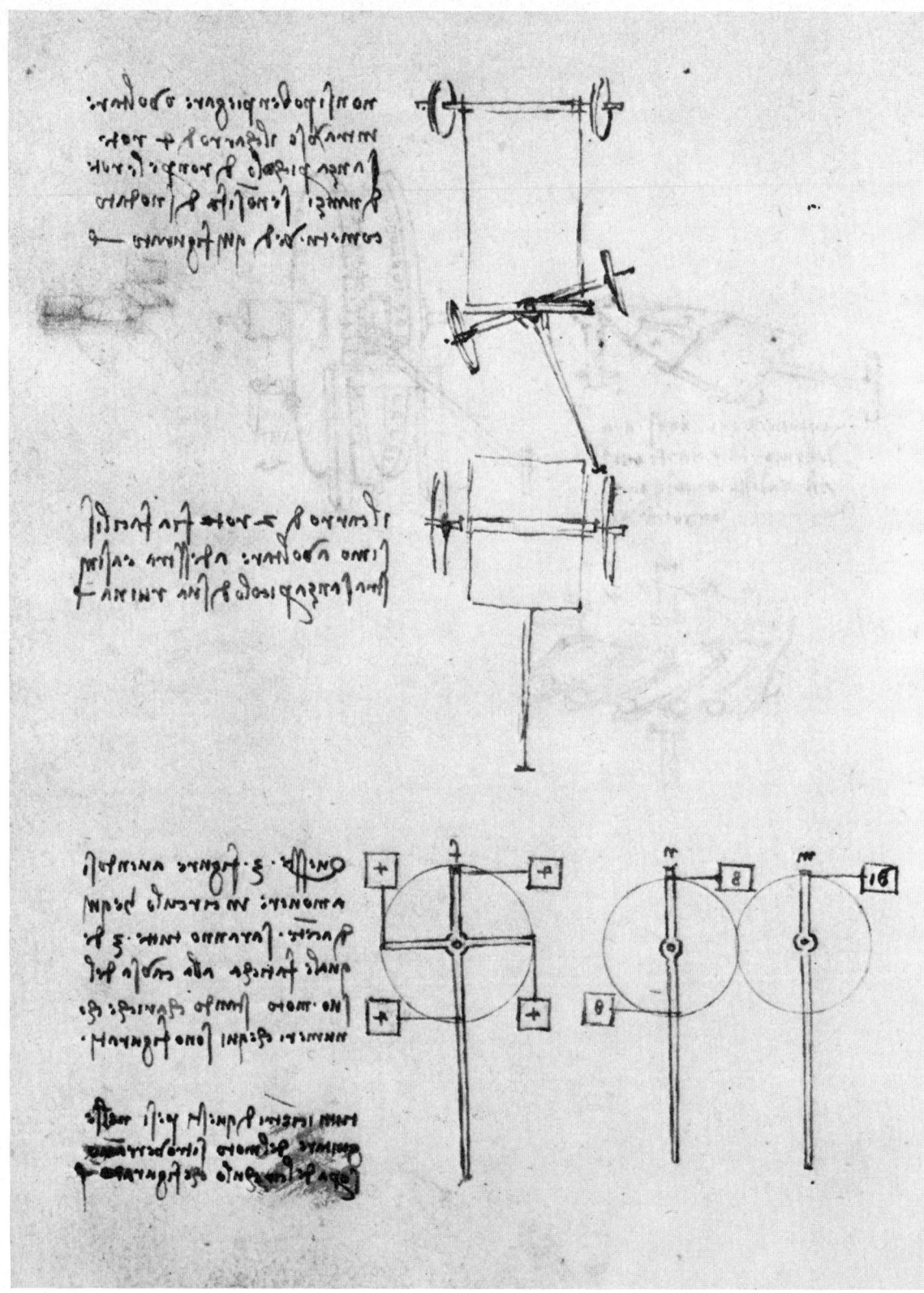

78. *Bewegliche Achse für einen vierrädrigen Karren und Drehkraft-Studien*

Bei seinen Skizzen von Karren und ihren Achsen stellte Leonardo fest, daß sich ein zweirädriger Karren leicht nach links oder rechts drehen läßt, während ein vierrädriger Karren eine beweglich gelagerte Achse benötigt. Bei dem Versuch, einen Karren ohne bewegliche Achse zu drehen, würden die Vorderräder brechen.

Die unteren Zeichnungen sind Studien über die Auswirkungen der Drehkraft bei einer bestimmten Bela-stung; dazu hat Leonardo abschließend vermerkt: ›Wenn man diese drei Figuren waagerecht dreht, wird die Belastung ihrer beweglichen Teile überall die gleiche sein, sofern sie mit den entsprechenden Gewichten beladen sind.‹ Diese Diagramme stellen vermutlich theoretische Untersuchungen über die sich beim Drehen eines zweirädrigen Karrens auswirkenden Kräfte dar.

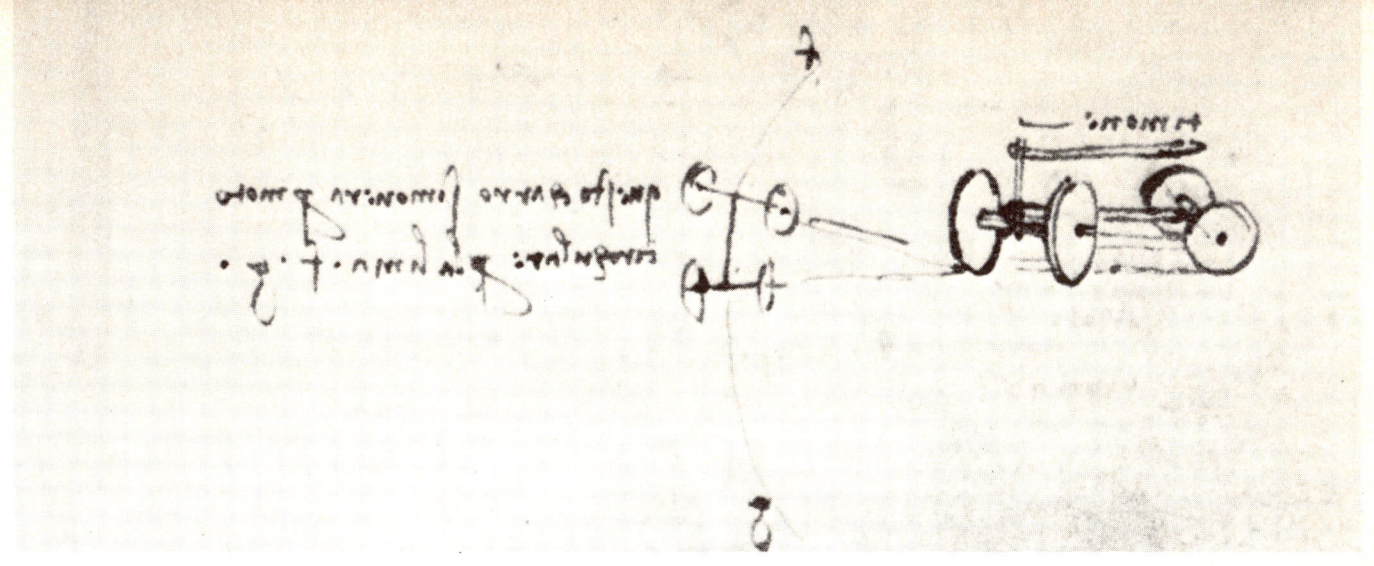

79. Oben: *Selbststeuervorrichtung für einen Karren*

Nach seinen Beweglichkeits- und Drehkraft-Studien über zwei-
und vierrädrige Karren befaßte sich Leonardo mit der Frage, wie
sich ein Karren steuern ließe, dessen Richtung nicht durch seinen
Antrieb, d. h. durch ein Zugtier, bestimmt wurde. Die dargestellte
Steuerung mittels Lenkstange ist eine beachtliche Leistung abstrak-
ten Denkens, denn zu Leonardos Zeit gab es außer der Muskelkraft keine andere Antriebskraft für Transportfahrzeuge zu Lande.
Trotzdem setzte er sich eingehend mit den Steuerungsproblemen
eines Fahrzeugs auseinander, das sich aus eigener Kraft bewegen
konnte: er nahm den Wagen ohne Pferdeantrieb vorweg.

80. Unten: *Übersetzungsgetriebe für die Achse eines Fuhrwerks*

Vor Leonardo hat sich niemand so eingehend mit dem Studium
von Fahrzeugen aller Art befaßt: vom gepanzerten Kampfwagen
bis hin zum Wagen mit Eigenantrieb. Wie bei vielen seiner Zeichnungen scheinen ihn Einzelheiten bestimmter Teile mehr interessiert zu haben als der Aufbau des ganzen Fahrzeugs, als ob er
ein Handbuch für Wagenbauer zu schreiben gedachte.

Die Zeichnung zeigt ein Übersetzungsgetriebe für die Achse
eines Fuhrwerks mit einer mehrfachen Übersetzung. Das große
waagerecht liegende Zahnrad dreht die Achse viele Male, ehe es
einmal vollständig umgelaufen ist; dadurch wird eine langsame
Bewegung beim Antrieb in einen schnelleren Bewegungsablauf der
Räder umgesetzt.

81. Oben: *Zwei Wegmesser und ein Schrittzähler*
Unten: *Modell eines Wegmessers*

Leonardo, der auf Genauigkeit in allen Dingen sah, stellte Untersuchungen mit Wegmessern an. In der mittleren Zeichnung ist ein Wegmesser dargestellt, der auf eine Idee Vitruvs zurückgeht. Das senkrechte Rad, dessen Umfang ein bestimmtes Wegmaß ergibt, bewegt durch verschiedene Getriebe das waagrechte Rad so, daß bei einer vollen Umdrehung jedesmal ein Kiesel in den Kasten fällt. Die Zahl der Kiesel ergibt die gemessene Entfernung.

Die linke Zeichnung stellt einen verbesserten Entwurf Leonardos dar: hier ist das Untersetzungsgetriebe des waagrecht liegenden Rades so groß, daß es sich nur einmal bei jeder zurückgelegten Meile dreht. Rechts ist ein Schrittmesser dargestellt, dem das gleiche Prinzip zugrunde liegt; mit ihm ließ sich die Schrittanzahl eines Menschen oder Pferdes messen, wenn das Pendel auf dem Oberschenkel lag.

82. Rechts: *Wagen mit Eigenantrieb*
Unten: *Modell eines Wagens mit Eigenantrieb*

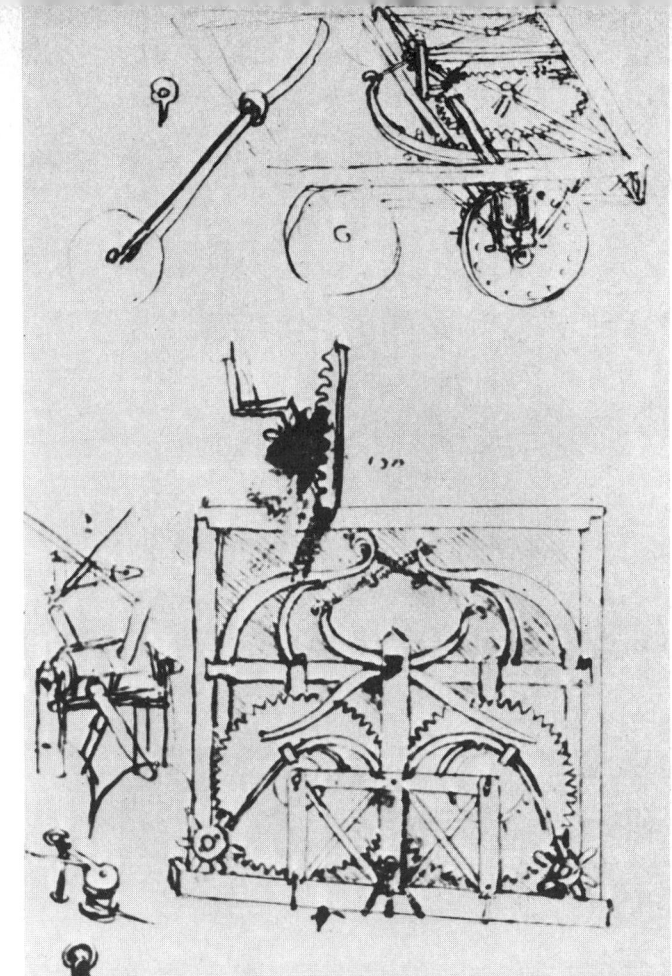

Ein erstaunlicher Durchbruch in Leonardos Denken offenbart sich in dem Entwurf eines Wagens mit Eigenantrieb. Es handelt sich um einen leichten Karren, der nach Art des Dreirades drei Räder unter dem Wagenkasten besitzt, ein weiteres Rad ist dem Wagen vorangestellt; es dient der Steuerung mittels Steuerknüppel. Das eigentliche Neue gegenüber vielen anderen Zeichnungen von Fahrzeugen in seinen Manuskripten ist sein Antriebssystem: wie beim modernen Federwerk ist die zur Bewegung erforderliche Kraft im Wagen selbst gespeichert. Durch die in einem Federantriebssystem gespeicherte Energie konnte sich das Fahrzeug ohne Muskelkraft bewegen. Obwohl es wie ein Vorläufer des Automobils anmutet, war es eigentlich für militärische Zwecke konzipiert, da es sich ohne Pferde bewegen konnte, die im Kampf leicht verwundbar waren.

Die Zeichnungen veranschaulichen das Übertragungssystem, nicht aber den Federantrieb. Man nimmt an, daß Leonardo wegen der Schwierigkeiten, die sich beim Verbinden der Federn mit den Wagenrädern ergaben, diesen Teil seines Entwurf unvollendet lassen mußte; im Übertragungssystem findet sich allerdings eine bemerkenswerte Neuerung: das Differentialgetriebe. Durch Verwendung einer eigenen Übersetzung für jedes Rad und eine epizyklische Radanordnung konnte sich in einer Kurve jedes der Wagenräder mit unterschiedlicher Geschwindigkeit drehen. Nicht einmal die ersten Automobile waren mit einem solch raffinierten Mechanismus ausgestattet.

Obwohl der Entwurf nicht ausgeführt wurde, macht er doch deutlich, daß Leonardos Suche nach einer neuen Antriebsform, zumindest vom Prinzip her, erfolgreich war.

83. *Ein Fahrrad*

Diese Zeichnung eines Fahrrades, in der Form den Fahrrädern um die Jahrhundertwende nicht unähnlich, ist, was die Umstände ihrer Entdeckung betrifft, ein Geheimnis und eine Offenbarung zugleich. Sie kam zum Vorschein, als man den *Codex Atlanticus* vor einigen Jahren restaurierte und von einigen Blättern die Rückseite ablöste, die seit dem 16. Jahrhundert niemand mehr gesehen hatte. Auf der Rückseite von fol. 133 entdeckte man verschiedene Kritzeleien – unter anderem diese Zeichnung eines Fahrrades –, die anscheinend von Schülern Leonardos stammen, die in den 90er Jahren des 15. Jahrhunderts in seiner Werkstatt arbeiteten. In dieser Zeichnung wird nicht nur vorausgesetzt, daß der Mensch auf zwei Rädern das Gleichgewicht zu halten vermag, sondern sie zeigt auch einen Kettenantrieb, der mit dem gegen Ende des 19. Jahrhunderts aufgekommenen nahezu identisch ist. Die Lenkstange sieht ziemlich unpraktisch aus, die Zeichnung stammt aber auch nicht von Leonardo, sondern von jemandem, der nicht sein zeichnerisches Talent besaß. Was immer er in einer der Werkstätten Leonardos sah, dürfte dem modernen Fahrrad noch ähnlicher gewesen sein.

Die Zeichnung ist nicht nur ein Hinweis auf Leonardos visionäre Begabung als Ingenieur, sie läßt auch ahnen, was verloren ist. Wahrscheinlich ist der größte Teil seiner Maschinenbau-Entwürfe für immer verloren, und unter diesen unersetzlichen Schätzen könnte sich eine besser durchgestaltete Zeichnung des Fahrrades mit Erläuterungen befunden haben.

Naturstudien
und Architekturzeichnungen

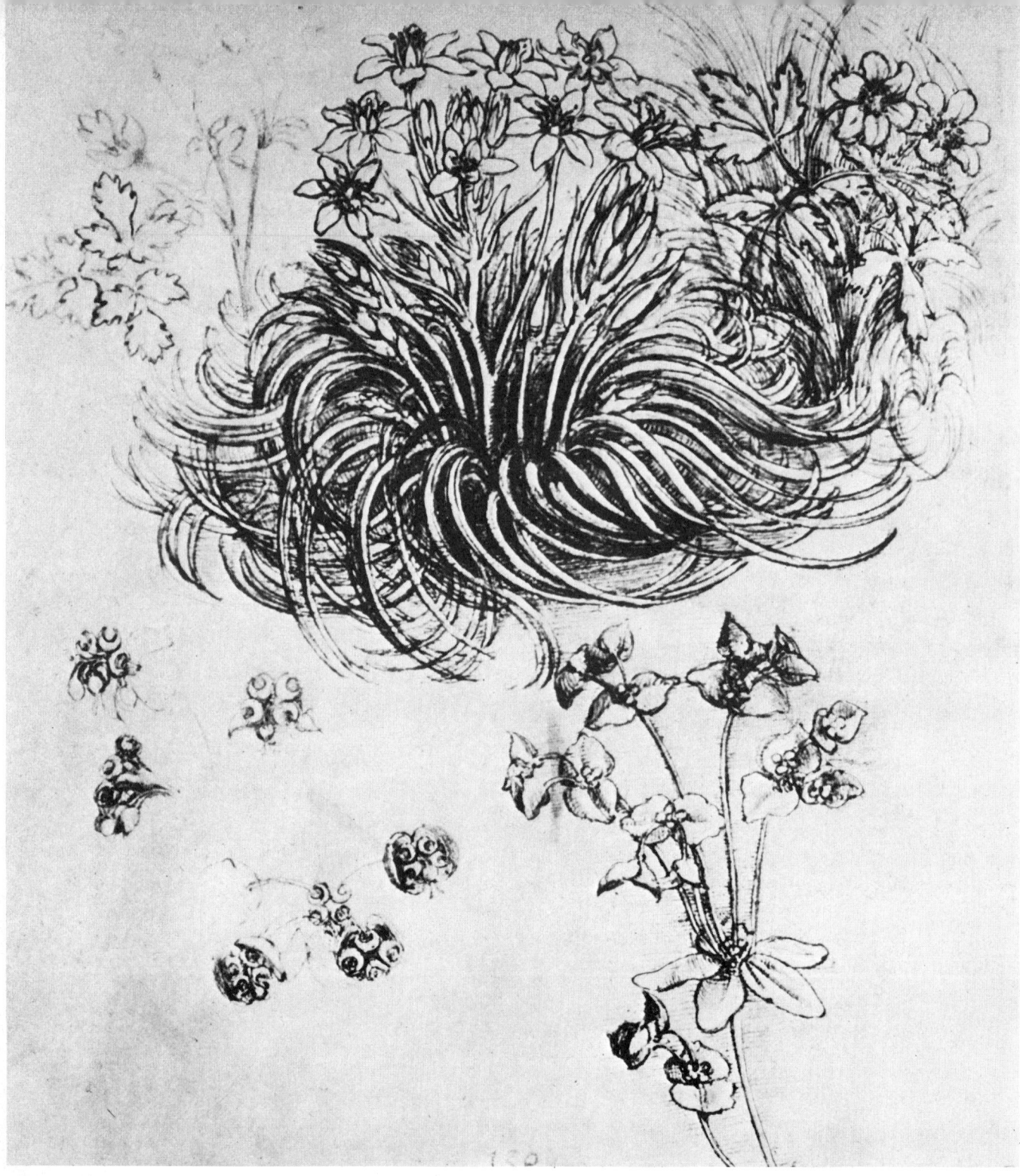

84. *Vier Pflanzenstudien. 1506–1508*
Oben Mitte: *Milchstern (Ornithogalum umbellatum L)*
Links oben: *Hahnenfuß (Ranunculus)*
Rechts oben: *Buschwindröschen (Anemone nemorosa L.)*
Rechts unten: *Wolfsmilch (Euphorbia) und links die Samen-kapseln*

Wie andere Zweige der Naturgeschichte wurde auch die Botanik als Wissenschaft von Aristoteles begründet. Sein Schüler Theophrast beschrieb mehr als 400 Pflanzen. In römischer Zeit waren die bedeutendsten Verfasser botanischer Werke der ältere Plinius und Dioskurides, dessen *Materia medica* das ›meistgelesene botanische Werk war, das je geschrieben wurde‹. Wie sein Titel andeutet, befaßte es sich mit den Heilkräften der Pflanzen. Es sollte 1500 Jahre lang die Autorität auf diesem Gebiet bleiben. Im Mittelalter machte die Botanik als Wissenschaft kaum Fortschritte, obwohl Pflanzenbücher sehr beliebt waren und man die arabischen Autoren las. Seine auf Naturbeobachtung beruhenden Studien machten Leonardo zum Wegbereiter der modernen Botanik. Er scheint auch ein sogenanntes ›Naturselbstdruckverfahren‹ erfunden zu haben, mit dem sich ein Abdruck eines gepreßten und entsprechend behandelten Blattes direkt auf Papier herstellen ließ; ein solcher ›Selbstdruck‹ eines Salbeiblattes hat sich in einem seiner Manuskripte erhalten. Das Mikroskop, daran sei erinnert, wurde erst hundert Jahre nach seinem Tode erfunden.

85. *Zwei Pflanzenstudien. 1506–1508*
Links: *Färberginster (Genista tinctoria L.)*
Rechts: *Eichenblätter und Eicheln*

Im Gegensatz zu seinen Vorläufern scheinen Leonardo die pharmakologischen Eigenschaften und der Nährwert der Pflanzen kaum interessiert zu haben, seine Skizzenbücher enthalten jedoch viele scharfsinnige Beobachtungen über den Pflanzenaufbau und das Wachstum, besonders im Hinblick auf die Blattstellung (Phyllotaxis), und über das Keimen und die Säfte bei Blumen und Bäumen. Diese Naturstudien dienen gleichzeitig künstlerischen Zwecken: an ihnen läßt sich die Licht- und Schattenwirkung auf Blättern studieren, dazu die Färbung der Bäume und wie sie Schatten werfen, so daß eine Art Handbuch für die Praxis des Land-

schaftsmalers entsteht. Die beiden Zeichnungen dieses Blattes veranschaulichen beispielhaft das Bestreben des Wissenschaftlers nach genauer Erfassung eines Gegenstandes und die uneingeschränkte Bewunderung des Künstlers für die Schönheiten der Natur. Außer den hier wiedergegebenen Pflanzen zeichnete Leonardo noch die Iris, die wildwachsende Birne, das Zittergras, die Heckenrose, das wohlriechende Veilchen wie das Hundsveilchen, die Binse, den Schneeball, die Brombeere, die weiße Gartenlilie, das Schilfrohr, die Klette und andere mehr. Die liebevolle Beobachtung, die aus diesen Zeichnungen spricht, ist der seines großen Zeitgenossen Albrecht Dürer in seinen berühmten Aquarellen vergleichbar.

86. *Zwei Skizzen eines Taschenkrebses. Um 1481*

Leonardo faszinierten die Gewohnheiten der Tiere und deren symbolische Bedeutung. Er eiferte dem beliebten Aesop nach und erfand neue Tierfabeln. Er unternahm auch gründliche wissenschaftliche Studien auf dem Gebiet der Zoologie, wobei ihn hauptsächlich der Körperbau und die Bewegungen des Pferdes sowie der Flug der Vögel und der der Fledermaus beschäftigten. Seine Studien fanden praktische Anwendungen: erstere für seine Ent-

würfe von Reiterstatuen und letztere bei seinen Plänen für Flugmaschinen (Abb. 13). Es könnte durchaus sein, daß es die ungewöhnliche Fortbewegungsart der Krebse war, die Leonardos Neugier erregte. Seine naturgetreue, rasch skizzierte Darstellung hat die auffallendsten Merkmale eingefangen: den festen Panzer, die fünf Paare von Gliederfüßen und die mächtigen Scheren.

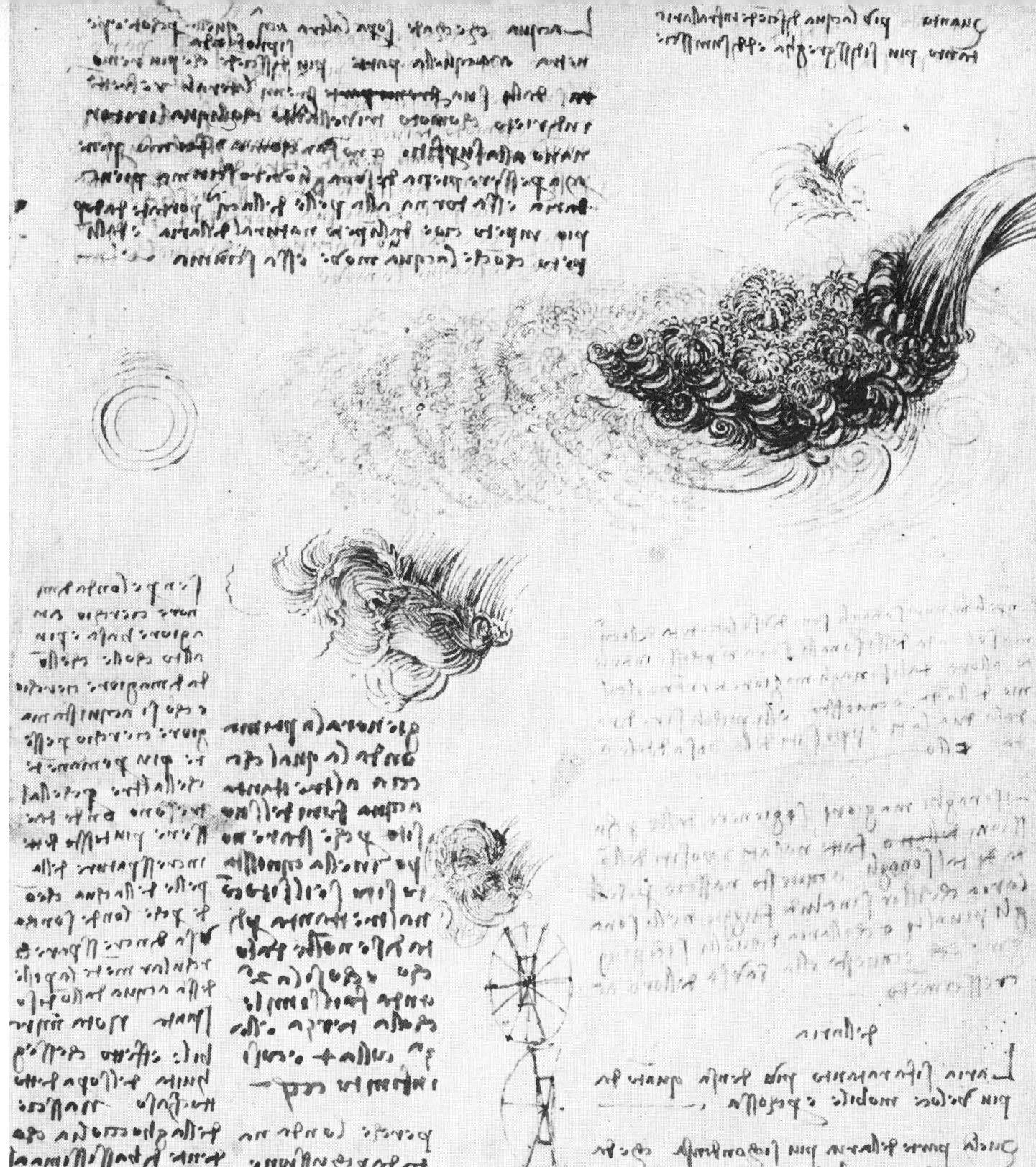

87. *In ein stehendes Gewässer herabstürzendes Wasser. Um 1508–1510*

In einer vorbildlichen wissenschaftlichen Untersuchung über Leonardos Erforschung der Bewegungsformen von Wasser und Luft hat Ernst Gombrich nachgewiesen, daß ›Leonardo dieses Thema immer wieder beschäftigt hat. Es interessierte ihn als Ingenieur, als Physiker, als Kosmologe und als Maler‹. Leonardo plante tatsächlich eine ausführliche Abhandlung über das Wasser und arbeitete verschiedene detaillierte Entwürfe aus. Er beabsichtigte, ›eine vollständige Enzyklopädie der Formen von Wasserbewegungen und Strömungen‹ zusammenzutragen, wie Gombrich schreibt. Wie so oft waren Theorie und Praxis eng verwoben, denn Leonardo beschäftigte sich mit dem Bau von Wassermühlen, Brücken, Schleusen, Kanälen, mit ›Flußumleitungen an Plätzen, an denen sie Schaden anrichten‹, und mit zahllosen anderen Ingenieurprojekten.

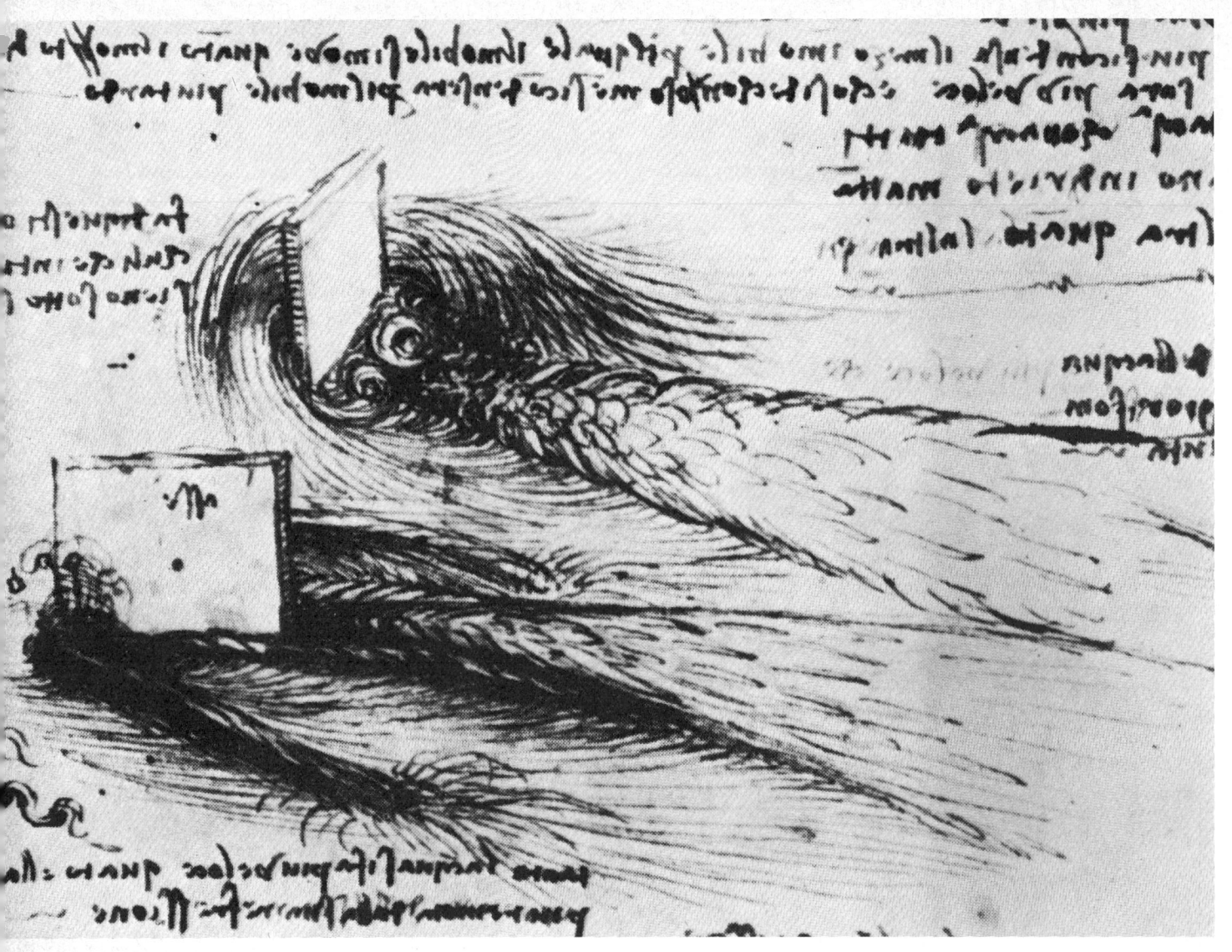

88. Oben: *Zwei Studien über Wasserströmungen mit Hindernissen. Um 1509–1510*

Die Hindernisse sind in unterschiedlichen Winkeln zur Strömungsrichtung plaziert, so daß die sich bildenden Wirbel verschiedene Formen aufweisen. Diese ineinanderstrudelnden Wasserformen haben eine auffallende Ähnlichkeit mit geflochtenem Haar, wie es viele der Dargestellten in Leonardos Gemälden und Zeichnungen tragen. Leonardo selbst wies auf diese Ähnlichkeit hin, als er neben einer ähnlichen Zeichnung vermerkt: ›Beachte, daß die kräuselnde Bewegung des Wassers der des Haares ähnlich sieht, welches zwei Bewegungsrichtungen hat, eine, vom Gewicht des Haares bestimmt, die andere vom Lockenfall; genauso hat auch das Wasser seine Strömungswirbel, die teils von der Gewalt der Hauptströmung, teils von der An- und Abprallbewegung abhängen.‹

Auf Leonardos Äußerungen zu diesem Thema eingehend, schreibt Ernst Gombrich: ›Der Begriff der Wirbelbewegung, den Leonardo verwendet, um die Unterbrechung des normalen Strömungsverlaufs zu beschreiben, beruht auf der Idee alles Zufälligen, in dem selbst der Weg eines einzelnen Teilchens nicht mehr genau vorherbestimmbar ist. Zwar studiert er Wellen- und Wirbelformen, doch was ihn interessiert, ist, daß es dabei um mathematische Beziehungen geht, vor deren Komplexität er oftmals kapitulieren muß. Häufig wird Leonardos schöner Ausspruch zitiert, daß die Mechanik ›das Paradies der Mathematik‹ sei. Ein Blick in die einführenden Lehrbücher der Strömungsmechanik wird die mei-sten von uns überzeugen, daß dieser Zweig die Hölle der Mathematik ist. Die arithmetischen und geometrischen Hilfsmittel, die Leonardo zur Verfügung hatte, entsprachen in keiner Weise denen, die er gebraucht hätte, um der übertrieben optimistischen Hoffnung gerecht zu werden, mit der er ausgezogen war – die Hoffnung, alle Möglichkeiten auf einem Gebiet vollständig zu erfassen und zu erklären, das sich noch immer einer so starren Behandlung entzieht.‹

89. Rechts: *Unwetter über einem Tal. Um 1506*

›Ein Unwetter geht über einem Tal des alpenländischen Vorgebirges nieder. Im Vordergrund eine flache Hügelkette mit Kirchen und Bäumen. Dann folgt eine Ebene, in der eine von einem Wall umgebene Stadt mit Kuppelkirchen und Glockentürmen liegt. Dahinter steigen die Berge zur Rechten steil an, zur Linken allmählicher und bilden ein Tal, über das Gewitterwolken dunkle Schatten werfen und ihren Regen ausschütten. Über den Wolken liegen die hohen Gipfel der Alpen im Sonnenschein.‹ (Kenneth Clark)

Viele seiner wissenschaftlichen Forschungen und Beschäftigungen mit Wettererscheinungen fanden ihren Niederschlag in praktischen Hinweisen für Maler, in denen Leonardo darlegte, wie Licht und Schatten, Wolkenbildungen, Wind, Regen und Gewitter am besten wiederzugeben sind. In dieser Zeichnung hat Leonardo veranschaulicht, wie theoretisches Wissen sich mit einem Akt künstlerischen Schaffens verbindet – eine meisterhafte Skizze einer Landschaft.

90. Links: *Muskelstudien. Um 1509–1510*

In der Mitte die obersten Muskelpartien vom rechten Oberschenkel und Knie eines Mannes; rechts die äußeren Muskeln von Schulter, Rumpf und Bein eines Mannes, einschließlich der fingerförmigen Ausbreitung des vorderen Sägemuskels am Brustkorb. Oben links kleine Detailzeichnungen von Muskeln, Nerven und Gefäßen.

Obgleich sich Leonardo der anatomischen und physiologischen Kenntnisse bediente, die durch Hippokrates, Galenos und die arabischen Ärzte, insbesondere Avicenna, überliefert wurden, führte er auch eigene Forschungen und Experimente durch, die ihren Niederschlag in umfangreichen schriftlichen Äußerungen und zahlreichen Zeichnungen fanden.

Ihn interessierten nicht nur Form und Aufbau des Körpers, sondern vor allem die Funktionen der Organe und Muskeln: das Herz und der Blutkreislauf, die Lungen und die Atmung. Gefördert wurden seine Forschungen durch den Umstand, daß er eine Zeitlang im Hospital Santa Maria Nuova in Florenz wohnte, wo er anscheinend Leichen sezieren konnte.

Wie in zahlreichen anderen Fachbereichen plante Leonardo, ein Lehrbuch über Anatomie zu schreiben, in dem Wachstum und Entwicklung des menschlichen Körpers vom Fötus bis zum erwachsenen Mann behandelt sowie auch die Proportionen und die Bewegungen der menschlichen Gestalt und Aufbau und Funktion der Sinnesorgane dargestellt werden sollten: ein Kompendium also, wie es Vesalius ein halbes Jahrhundert später verwirklichte.

91. Rechts: *Zwei Schädelstudien. Um 1489*

In der oberen Zeichnung ein Horizontalschnitt des Schädels ohne die linke Hälfte, der die Sinusse, die Höhle im Oberkieferknochen und die Augenhöhle zeigt. Die untere Darstellung zeigt einen Vertikalschnitt durch die Mitte des Schädels und die zehn obersten Wirbel der Wirbelsäule. Diese sind allerdings rein schematisch gezeichnet, ohne zwischen den sieben Halswirbeln und den ersten drei Wirbeln des Brustkorbes zu unterscheiden. Überdies sind die hinteren Dornfortsätze (die dornenartigen Vorsprünge) irrtümlicherweise vorn wiederholt, was darauf schließen läßt, daß die Wirbel aus dem Gedächtnis gezeichnet wurden.

Neben der oberen Darstellung ist vermerkt: ›Wo die Linie *a m* die Linie *c b* schneidet, ist wahrscheinlich der Sammelort aller Sinne.‹ Dies spielt auf die alte Vorstellung an, nach der, wie Leonardo schreibt, ›das Urteilsvermögen, das dem Menschen gegeben ist, durch ein Werkzeug hervorgerufen wird, mit dem die anderen fünf Sinne durch das Wahrnehmungsorgan in Beziehung stehen. Und sie haben diesem Werkzeug den Namen 'Allgemeinsinn' ['sensus communis'] gegeben und sagen, dieser Sinn liege genau in der Mitte.‹ In Leonardos Zeichnung schneiden sich die Linien genau über dem Sitz der Hypophyse, einer Stelle, die in etwa dem dritten Gehirnventrikel entspricht.

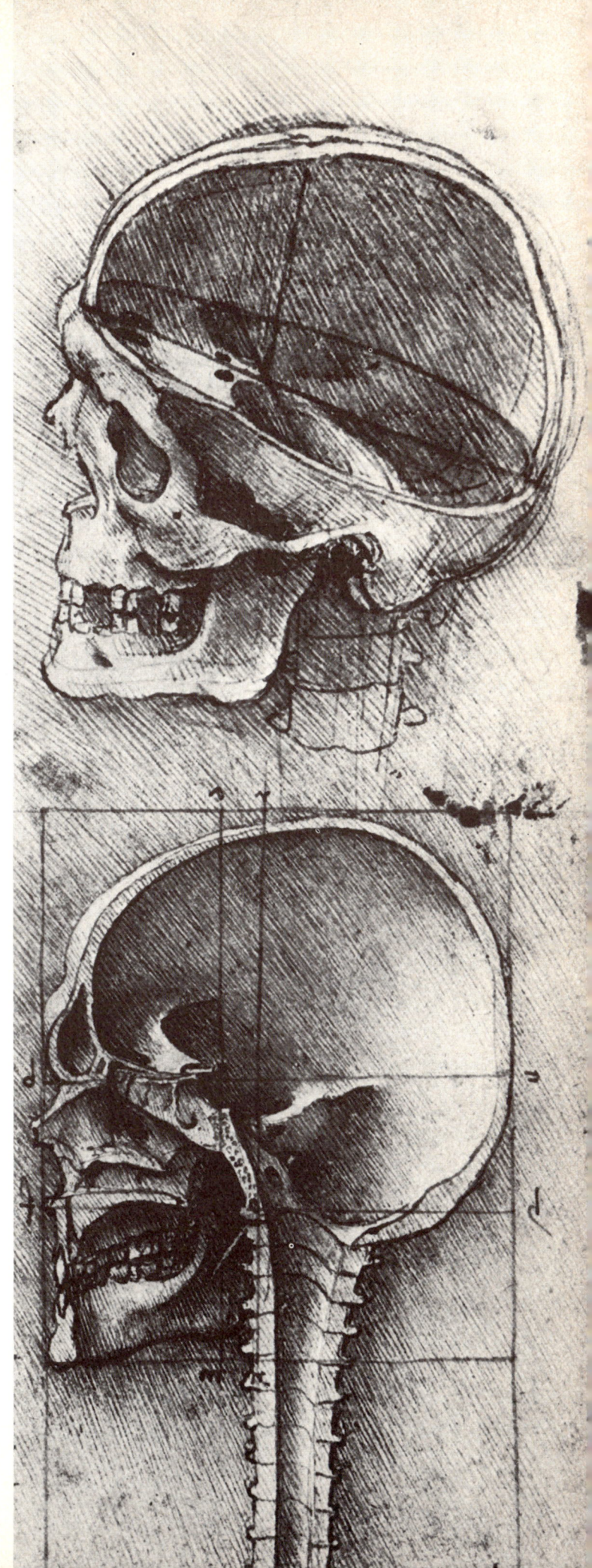

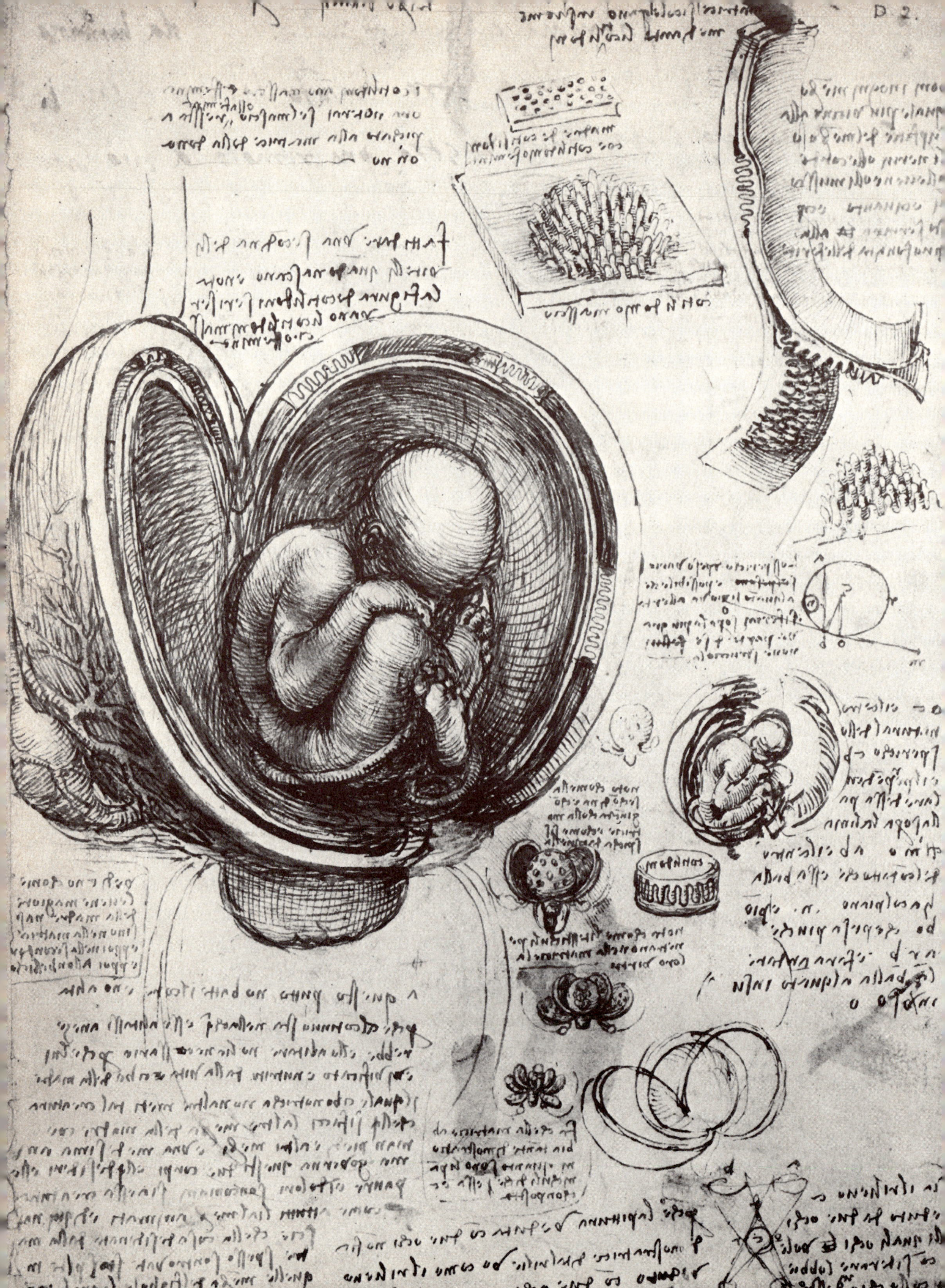

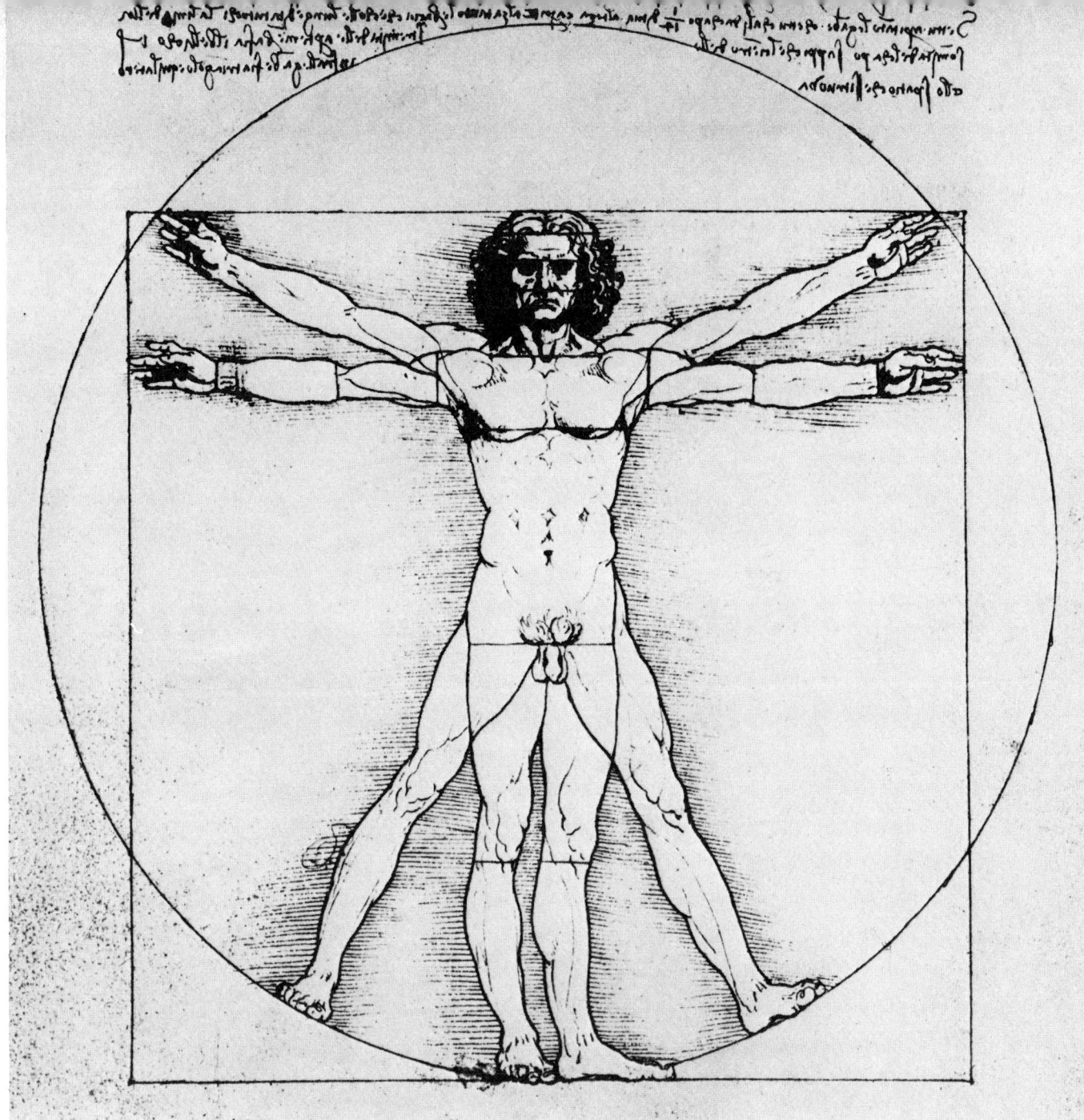

92. Links: *Embryo in einer Gebärmutter und andere Skizzen. Um 1510–1512*

In der großen Zeichnung ist ein voll entwickelter Fötus in einer menschlichen Gebärmutter, doch mit der Plazenta von einer Kuh dargestellt. Die vier Zeichnungen rechts oben sind vergrößerte Darstellungen der Plazentazotten eines Huftieres (Leonardo wußte anscheinend nichts von der scheibenförmigen menschlichen Plazenta). Darunter, Mitte rechts, eine außerhalb des Zusammenhangs stehende Zeichnung einer exzentrisch belasteten Kugel auf einer Neigungsebene. Darunter erscheint links die winzige Skizze einer Gebärmutter mit Andeutung der Plazentazotten und rechts die flüchtige Skizze eines Fötus in der Gebärmutter, von mehreren schützenden Häutchen umgeben. Als nächstes, nebeneinander dargestellt, die Gebärmutter aufgeklappt, um Membranen und Plazenta zu zeigen, und rechts ineinandergreifende Plazentazotten. Weiter unten erscheinen drei Skizzen der auseinandergeklappten Gebärmutter- und Fötusmembranen; bei der oberen Zeichnung ist auch der Embryo in seinem Amnion dargestellt. Schließlich, ohne jeden Bezug, ein Diagramm binokularen Sehens.

93. Oben: *Der Vitruvsche Kanon menschlicher Proportionen. Um 1490*

Die Zeichnung illustriert einen Abschnitt in dem berühmten Werk des römischen Architekten Vitruv: ›Der Nabel ist natürlicherweise der Mittelpunkt des Körpers. Liegt ein Mensch mit gespreizten Armen und Beinen auf dem Rücken, und setzt man die Zirkelspitze an der Stelle des Nabels ein und schlägt einen Kreis, so werden die Fingerspitzen beider Hände sowie die Zehenspitzen vom Kreis berührt. Ebenso wie der menschliche Körper durch einen Kreis umschrieben werden kann, läßt sich auch ein Quadrat um ihn ziehen. Nimmt man nämlich von den Fußsohlen bis zum Scheitel Maß und wendet dieses Maß auf die ausgestreckten Hände an, so wird sich die gleiche Breite und Höhe ergeben, wie bei Flächen, die nach dem Winkelmaß quadratisch angelegt sind.‹

Man weiß, daß Leonardo die anatomische Nachbildung eines männlichen Körpers plante und vermutlich auch ausgeführt hat, die er im Zusammenhang mit seinen Zeichnungen und Bildhauerarbeiten benutzt hat und die ihm vielleicht zur Unterweisung seiner Schüler diente.

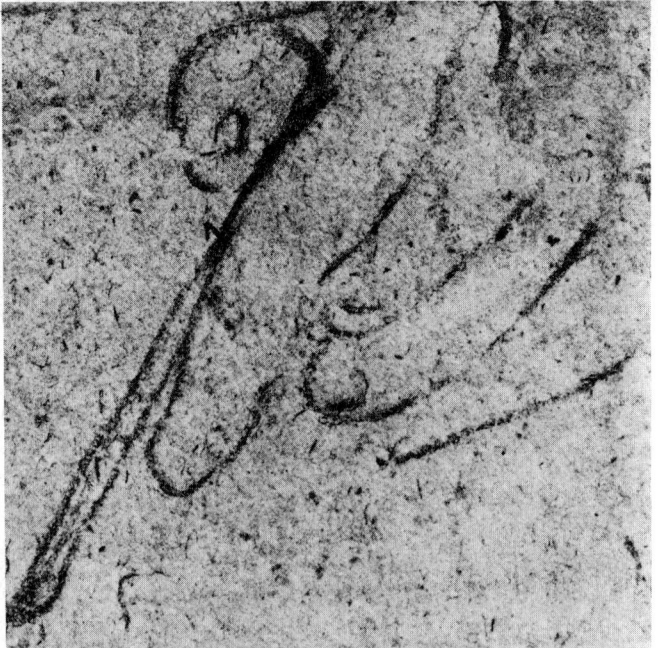

94. Oben: *Skizze einer Hand*

Leonardo schrieb und zeichnete mit der linken Hand, was sich möglicherweise dadurch erklären läßt, daß er sich die rechte Hand in der Kindheit verletzte. Diese Skizze seiner eigenen Hand, beim Zeichnen dargestellt, findet sich auf einem Blatt im *Codex Atlanticus* zwischen Zeichnungen und Notizen zu anderen Themen.

95. Mitte: *Teilansicht einer Stadt. Um 1487–1490*

Dies ist eine von mehreren Zeichnungen für die Anlage einer neuen Stadt, die höher und tiefer gelegene Straßenzüge übereinander vorsah. Es ließe sich denken, daß Leonardo die Aufgabe zugefallen war, für die Familie Sforza eine städtische Siedlung in der Nähe ihrer Residenz Vigevano, südwestlich von Mailand, zu planen.

Die Beischrift hat folgenden Wortlaut: ›Die Straßen *m* [die höher liegenden links und rechts] liegen um 6 Ellen höher als die Straßen *p s* [im Vordergrund, von rechts nach links], und jede Straße soll 20 Ellen breit sein und von den Rändern bis zur Mitte ein Gefälle von 1/2 Elle haben. In dieser Mitte sei im Abstand von je einer Elle ein Spalt, 1 Elle lang und 1 Finger breit, wo das Regenwasser in Gruben ablaufen soll, die in derselben Ebene angelegt sind wie die Straße *p s*. An jeder Seite der Straße sei ein 6 Ellen breiter Bogengang auf Säulen. Und wisse, daß derjenige, der durch die hochgelegenen Straßen über den ganzen Platz gehen will, sie für seinen Zweck benutzen kann, und desgleichen derjenige, der durch die unteren Straßen gehen will.

Durch die oberen Straßen dürfen weder Wagen noch andre ähnliche Fahrzeuge fahren, sondern sie sollen nur für die Vornehmen [d.h. die Fußgänger] da sein. Durch die unteren Straßen sollen die Wagen und andere Lasten für den Bedarf und die Versorgung der Einwohner verkehren. Ein Haus muß dem anderen die Rückseite zukehren, mit der tiefliegenden Straße dazwischen, und durch die Eingänge *n* werden die Vorräte gebracht, wie Holz, Wein und dergleichen. Durch die unterirdischen Gänge muß man die Abtritte, Ställe und dergleichen übelriechende Stätten entleeren... An jedem Bogen muß eine Wendeltreppe sein, und zwar eine rund angelegte, weil in den Ecken der quadratischen oft ein Bedürfnis verrichtet wird. An der ersten Biegung soll eine Tür sein, die zu den Abtritten und öffentlichen Bedürfnisanstalten führt, und über die genannte Treppe gelangt man von der oberen Straße zur unteren. Die hoch liegenden Straßen beginnen außerhalb der Tore und erreichen an diesen Toren eine Höhe von 6 Ellen.‹ (Eine Mailänder Elle entspricht 59,5 cm.)

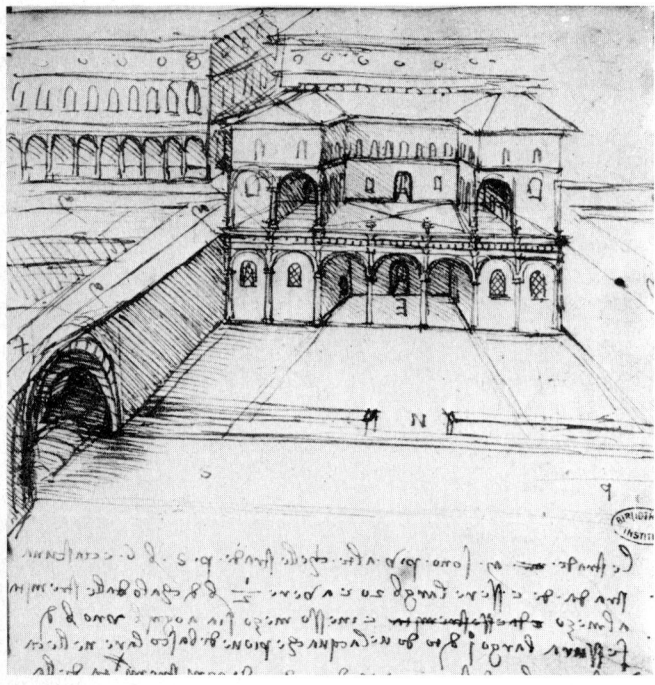

96. Unten: *Plan für Straßen und Kanäle. Um 1487–1490*

In dieser von Leonardo geplanten Stadt sind die Keller der Häuser durch Boote befahrbar. Die Zeichnung zeigt lediglich die sinnreiche Anlage, die ihm vorschwebte; eine genaue Erläuterung wird in dem zugehörigen Text gegeben, der auszugsweise lautet: ›Von der Fassade *a m* erhalten die Räume Licht... *c d f* ist die Stelle, an der die Boote zum Entladen in das Haus fahren. Damit diese Regelung praktikabel wird, sind die Keller vor Überfluten durch einen steigenden Fluß zu schützen. Man muß einen entsprechenden Platz wählen, etwa eine Stelle an einem Fluß, der sich in Kanäle umleiten läßt, in denen der Wasserstand nicht durch Flut oder Trockenheit bestimmt wird. Die Bauweise wird unten gezeigt; man wähle einen klaren Fluß, der nicht durch Regengüsse schlammig wird... Eine Schleuse mit Becken, wie unten gezeigt, ist die Vorrichtung, die eine gleichmäßige Wasserhöhe gewährleistet. Sie soll am Eingang der Stadt oder, noch besser, etwas weiter im Innern gelegen sein, damit sie nicht durch Feinde zerstört werden kann... Man benötigt einen Fluß mit guter Strömung, der die Luft der Stadt nicht verunreinigt und der sich auch zum wiederhol-

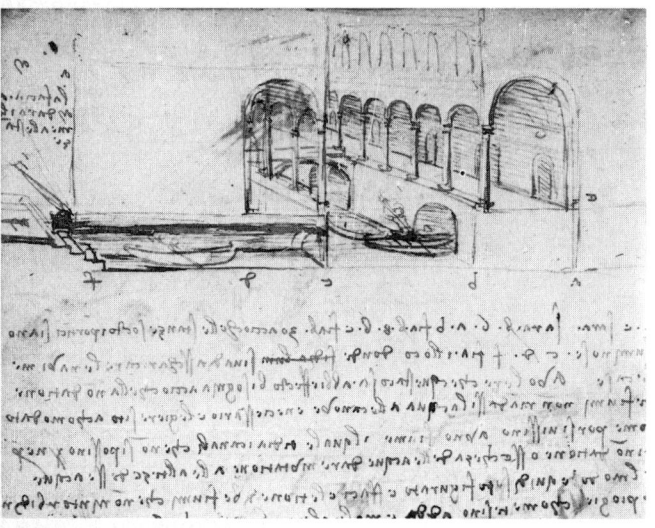

97. *Entwurf für einen Stall. Um 1487–1490*

ten Reinigen der Stadt verwenden läßt, wenn das Schleusentor unterhalb der Stadt geöffnet ist, so daß der Schlamm mit Rechen und Haken entfernt werden kann, der sich auf dem Grund der Kanäle ablagert und das Wasser trübe macht. Und das soll einmal im Jahr geschehen.‹

Leonardos nüchterner Verstand und seine Umsicht selbst in kleinsten Dingen beweisen die Anmerkungen zu dieser Zeichnung, die auszugsweise folgenden Wortlaut haben: ›Was das Tränken der Pferde betrifft, so sollen die Tröge aus Stein sein, mit Wasser[behältern] darüber, und zwar so, daß die Tröge wie Truhen aufgedeckt werden können, indem man ihre Deckel hebt... Was den Harn betrifft, soll ein keilförmiger Stein an den Hinterbeinen der Pferde befestigt werden... und man könnte ganz auf Stroh verzichten, wenn die Unterlage aus Eichen- oder Walnußbrettern gemacht ist. Wenn die Pferde stallen [harnen] müssen, gehen sie zurück, so daß der Harn dahin fällt, wo die Hinterbeine sind. Wenn man die Deckel hebt, kann der Dung gesammelt und durch Öffnungen in gewölbte Gruben geschüttet werden... von den unterirdischen Gruben wird er dann zu einem Platz geschafft, an dem er keine Belästigung mehr darstellt.‹

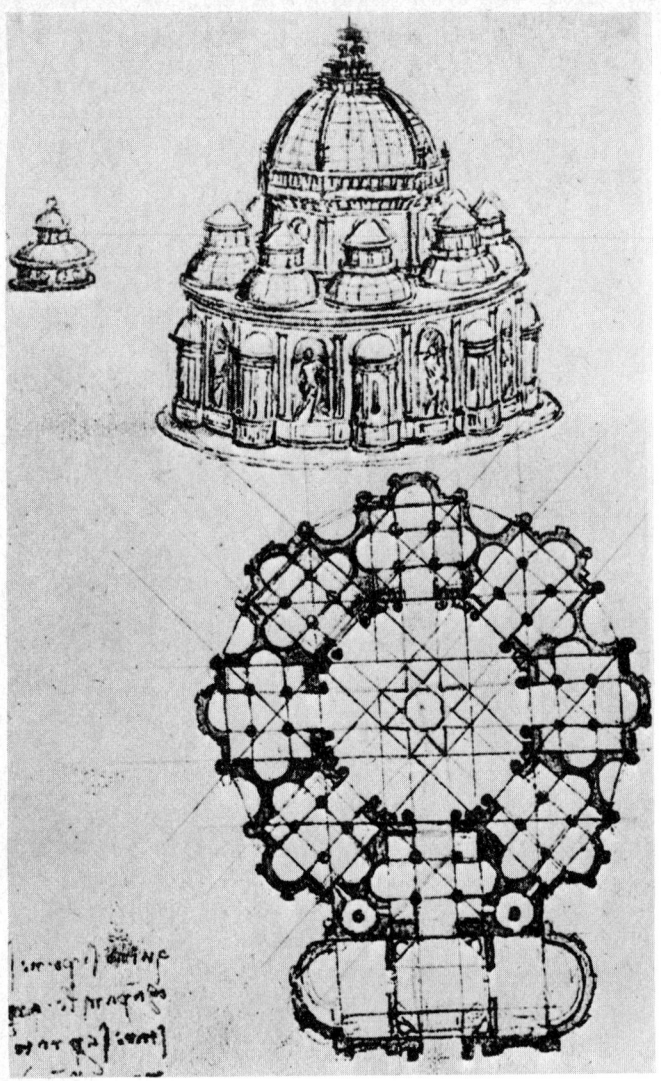

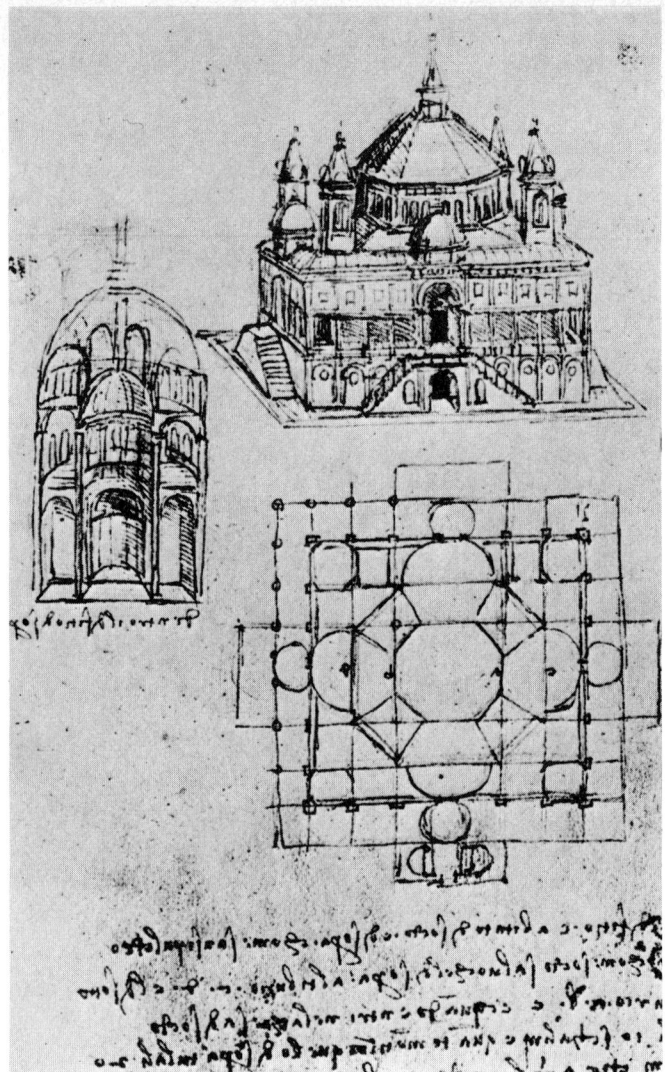

98. *Entwurf für eine Kirche. Um 1487–1490*

99. *Entwürfe einer Kirche. Um 1487–1490*

Als Leonardo seine architektonischen Studien aufnahm, ließen sich die Florentiner Architekten noch vom Stil Filippo Brunelleschis beeinflussen. In einigen von Leonardos Studien ist der Einfluß der Kuppel und Laterne des Doms von Santa Maria del Fiore spürbar. Doch kennt man keinen von Leonardo ausgeführten Bau. Die meisten seiner Entwürfe für Kirchenbauten sind lediglich theoretische und ideelle Untersuchungen über Gesetze, die beim Bau einer großen Zentralkuppel, umgeben von kleineren Kuppeln, zu berücksichtigen sind. Um den größtmöglichen Effekt zu erzielen, hatte sich eine große, den Bau bekrönende Kuppel entweder über der Vierung eines Griechischen Kreuzes (ein Kreuz mit vier gleichen Armen) oder über einem Zentralbau zu erheben, dessen Grundriß kreisförmig oder der Kreisform angenähert war.

Beim Entwurf dieses Blattes erhebt sich die Kuppel über einem oktogonalen Grundriß. An allen acht Seiten ist das Oktogon zu quadratischen Kapellen erweitert. Die Kapellen selbst sind in ihrem Grundriß quadratisch mit drei Apsiden; in ihrer Mitte stehen vier Säulen, die die Zentralkuppel tragen. Besonders interessant ist die Verwendung des achtzackigen Sterns im Grundriß, der von der Mitte des Oktogons ausstrahlt. Wie der Grundriß, so ist auch der Außenbau reich gegliedert, mit einem lebhaften Wechsel von Apsiden und Nischen, für die riesige Statuen vorgesehen waren. Oben links eine kleine Skizze eines ›tiburio‹, eines Vierungsturms.

Wie die meisten Grundrisse Leonardos für Kirchen basiert auch dieser auf dem Griechischen Kreuz (ein gleicharmiges Kreuz). Der Entwurf besteht aus einem quadratischen Bau, der an allen vier Seiten von einem Vorbau umgeben ist. Die Außenansicht macht zudem deutlich, daß das Obergeschoß durch vorgelagerte Treppenaufgänge an allen vier Seiten von außen her zugänglich sein sollte. Die linke Zeichnung stellt laut handschriftlicher Notiz einen Schnitt durch das gleiche Bauwerk dar, der allerdings schwer mit dem Grundriß vereinbar scheint. Der Entwurf könnte von der Kirche San Lorenzo in Mailand beeinflußt worden sein.

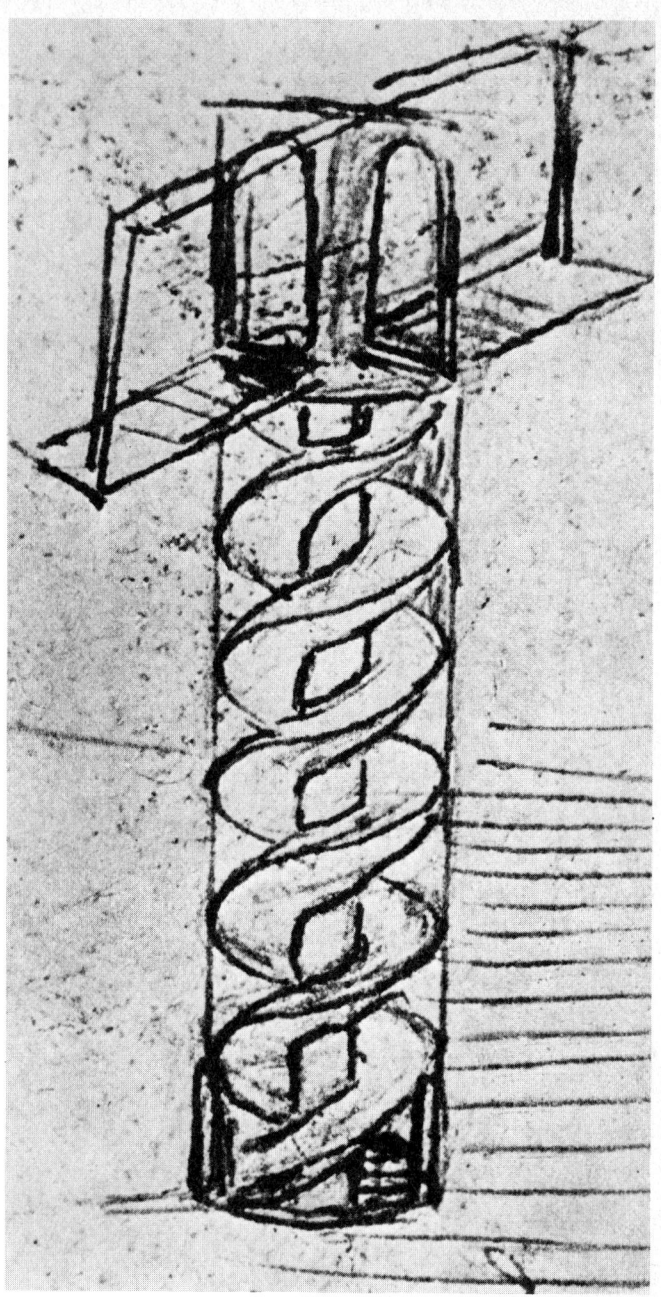

100. *Eine Doppeltreppe. Um 1487–1490*

In der Anmerkung heißt es: ›Doppeltreppe. Eine für den Kastellan, die andere für die Söldner.‹ Aus diesem Vermerk geht hervor, daß die Zeichnung mit Entwürfen für Festungsbauten zusammenhängt, mit denen sich Leonardo eingehend befaßte, wie auch mit dem Geschützwesen, der Flugbahn der Geschosse und anderen Aspekten der Kriegführung. Er entwickelte zahlreiche Verbesserungen beim Brücken- und Festungsbau, wie Türme, Brustwehren, Außentore, Bastionen, Kasematten, Gräben, Palisaden usw., bei der Versorgung der Soldaten, beim Entwerfen von Kanonen, Belagerungsmaschinen und anderen sinnreichen Vorrichtungen.

101. *Eine doppelläufige Wendeltreppe. Um 1487–1490*

Leonardo erläutert den militärischen Zweck einer solchen Konstruktion in seinen Notizen: ›Derjenige, der einen am Meer gelegenen Turm einnehmen will, wird vielleicht einen seiner Untergebenen in den Dienst des Kastellans treten lassen, und dieser wird später bei der Wachablösung die ihm vom Feind gerichtete Strickleiter anbringen und die Mauern mit Soldaten besetzen können. Um das zu verhüten, teile man den Turm durch acht Wendeltreppen und somit die unteren Verteidigungswerke und Wohnräume der Soldaten in acht Teile. Wenn einer der Söldner dann Verrat üben sollte, so können die andern sich nicht auf den Mauern halten; denn jedes Verteidigungswerk wird so klein sein, daß höchstens vier auf ihm Platz haben. Der Kastellan, der oben wohnt, kann sie alle durch Gußlochreihen abwehren oder durch Fallgitter ausschließen und dann Rauch am Anfang der Wendeltreppe entwickeln. Und unter keinen Umständen darf irgendein fremder Soldat bei dem Kastellan wohnen, sondern nur seine Begleitung.‹

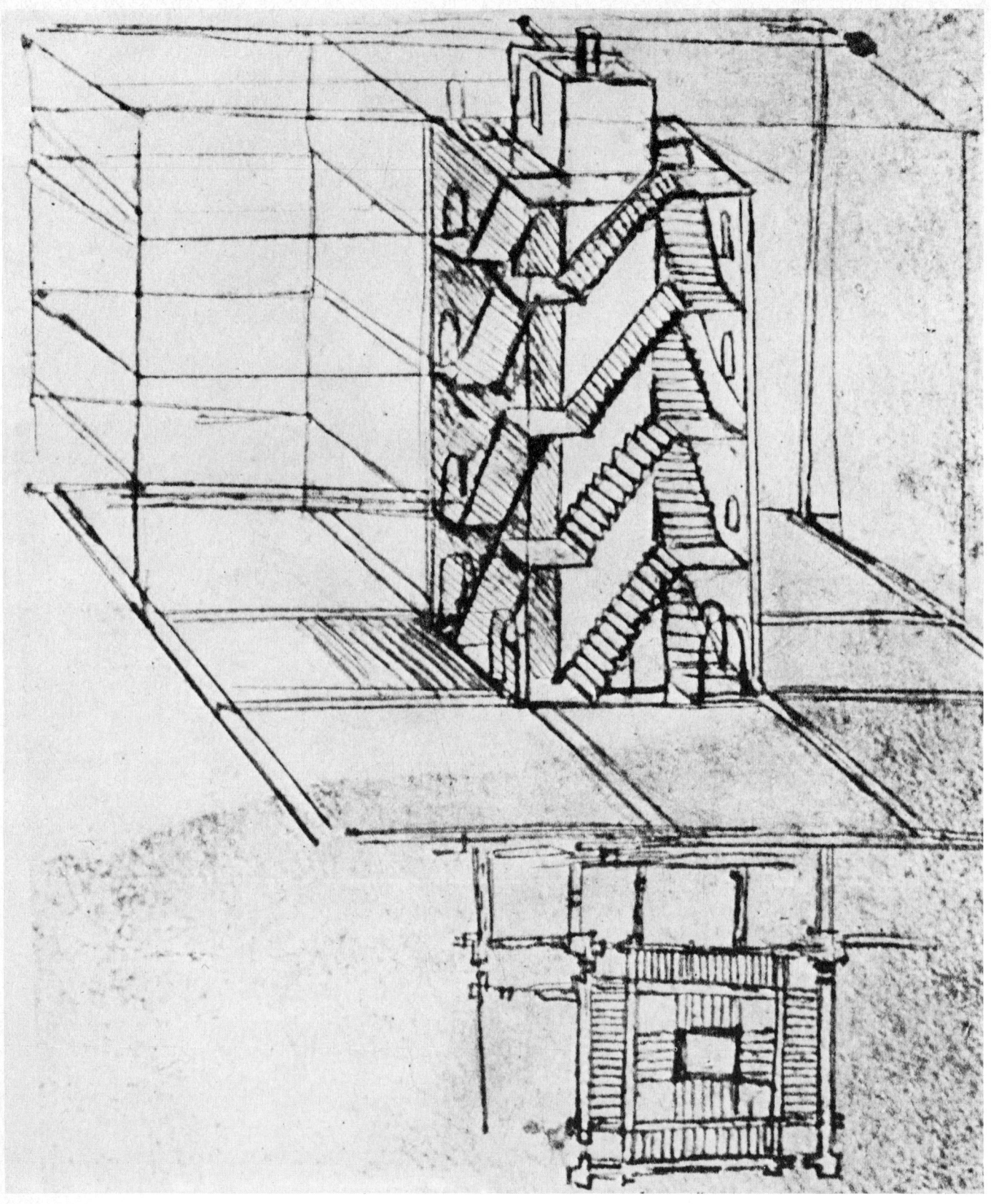

102. *Treppenaufgänge in einem Turm. Um 1487–1490*

Die Außenansicht gleicht auf den ersten Blick einer modernen Feuerleiter, aber nur weil die Mauern an der vorderen und linken Seite fortgelassen sind, um den Treppenverlauf zu zeigen. Die Treppenaufgänge sollten natürlich im Innern liegen, wie die Mauern und Fenster an der rechten und der Rückseite deutlich machen. Den Zweck dieser Anlage erläutert Leonardo in der Be-

gleitschrift: ›Hier sind fünf Treppen mit fünf Eingängen. Die eine ist von der anderen aus nicht sichtbar, und wer auf der einen ist, der kann nicht zur andern gelangen. Das ist für die Söldner insofern gut, als sie nicht zusammenkommen können und dort, voneinander getrennt, bereit sind zur Verteidigung des Turmes, der rund oder viereckig sein kann.‹

Anhang

BIBLIOGRAPHIE

Baldacci, A., *Le Piante di Leonardo da Vinci, in Memorie della R. Accademia di Scienze,* Bologna, 1914–1916, 1922/23, 1935–1939

Booker, P.J., *A History of Engineering Drawing,* Chatto and Windus 1963

Clark, K., *Leonardo da Vinci,* Rowohlt 1969

Clark, K., *The drawings of Leonardo da Vinci at Windsor Castle,* Phaidon 1969

de Toni, G.B., *Le Piante e gli Animali in Leonardo da Vinci,* Bologna 1922

de Toni, W., *L'idraulica in Leonardo da Vinci,* Brescia 1934/35

Eberlein, K.K., *Leonardo da Vinci,* Lüttke 1942

Esche, S., *Leonardo da Vinci, das anatomische Werk,* Basel 1954

Firpo, L., *Leonardo architetto e urbanista,* Turin 1963

Gibbs-Smith, C.H., *Leonardo da Vinci's Aeronautics,* H.M.S.O. 1967

Goldscheider, L., *Leonardo da Vinci: Leben und Werk,* Phaidon 1960

Gombrich, E.H., ›The Form of Movement in Water and Air‹, in *The Heritage of Apelles,* Phaidon 1976 (Erstver. in O'Malley, C.D., *Leonardo's Legacy,* 1969)

Hart, I.B., *The World of Leonardo da Vinci,* Macdonald 1961

Heydenreich, L., *Leonardo da Vinci,* Cresset Press 1957

Lüdecke, H., *Leonardo da Vinci: Der Künstler und seine Zeit,* Berlin 1952

McCurdy, E., *The Notebooks of Leonardo da Vinci,* London 1939, Neuauflage 1956

Mereschkowski, D., *Leonardo da Vinci,* Droemer 1973

Needham, J., *Science and Civilisation in China, IV,* Cambridge 1965

Nicodemi, G., *Leonardo da Vinci: Gemälde, Zeichnungen, Studien,* Fretz & Wasmuth 1939

O'Malley, C.D., und de C.M. Saunders, J.B., *Leonardo da Vinci on the human body,* New York 1952

O'Malley, C.D., ed., *Leonardo's Legacy, An International Symposium,* University of California 1969

Orlandi, E., *Leonardo da Vinci und seine Zeit,* Vollmer 1972

Parsons, W.B., *Engineers and Engineering in the Renaissance,* M.I.T. Press 1968

Pedretti, C., *The Literary Works of Leonardo da Vinci: A commentary,* Phaidon 1977

Reti, L., Leonardo: *Künstler, Forscher, Magier,* Fischer 1974

Reti, L., und Dibner, B., *Leonardo da Vinci, Technologist,* Burndy Bibliothek, Connecticut 1969

Reti, L., *Codex Madrid,* Fischer 1974

Richter, J.P., *The Literary Works of Leonardo da Vinci...,* London 1970

Ritchie Calder, *Leonardo and the Age of the Eye,* Heinemann 1970

Schulz, F., *Leonardo da Vinci,* Schuler 1972

Singer, C. et al, *A History of Technology,* Clarendon Press 1956

Usher, A.P., *A History of Mechanical Inventions,* Harvard University Press 1954

Wallace, R., *Leonardo da Vinci und seine Zeit,* Time-Life International 1971

Williams, J., *Leonardo da Vinci,* Ensslin & Laiblin 1966

LEBENSDATEN

1452 15. April: Leonardo geboren bei Vinci in der Toskana als unehelicher Sohn von Ser Piero da Vinci und Caterina

1453 Mit dem Fall von Konstantinopel geht das Oströmische Reich zu Ende

1469 Leonardo tritt in die Werkstatt des Andrea Verrocchio ein. Giuliano und Lorenzo de Medici treten die Herrschaft in Florenz an.

1472 Leonardo wird als Maler in die Lukasgilde aufgenommen

1473 Der Astronom Nikolaus Kopernikus wird in Thorn (Polen) geboren

1475 Michelangelo wird in Caprese in der Toskana geboren

1476 Leonardo bleibt als Gehilfe in Verrocchios Werkstatt

1478 Verschwörung der Pazzi, um die Medici in Florenz zu stürzen. Krieg mit Neapel und dem Papst folgen

1479 Leonardo lebt jetzt als freischaffender Künstler

1481 Leonardo bietet dem in Mailand herrschenden Lodovico Sforza in einem Schreiben seine Dienste an

1482 Übersiedlung nach Mailand, als Maler und Ingenieur für Lodovico Sforza tätig

1483 Vertragsabschluß (25. April) für sein jetzt im Louvre befindliches Gemälde *Die Felsgrottenmadonna*. Raphael wird in Urbino geboren

1485 Leonardo widmet sich dem Studium der völligen Sonnenfinsternis

1487 Anatomische Studien

1490 Leonardo arbeitet an Bühnenentwürfen für das Schauspiel *Il Paradiso* von Bernardo Ballincioni

1492 Besuch in Rom
Kolumbus' erste Reise in die Neue Welt. Lorenzo der Prächtige stirbt. Rodrigo Borgia wird zum Papst gewählt und nennt sich Alexander VI.

1494 Karl VIII. von Frankreich fällt in Italien ein. Die Medici werden aus Florenz vertrieben

1495 Leonardo beginnt mit der Arbeit an seinem Fresko *Das Abendmahl*

1498 Lodovico Sforza schenkt Leonardo einen Weinberg in Anerkennung seiner Dienste als Maler und Ingenieur

1499 Die Franzosen fallen in Italien ein und erobern Mailand. Leonardo flieht aus Mailand

1500 Februar: Leonardo besucht Mantua; März: geht nach Venedig; am 24. April ist er in Florenz. Lodovico Sforza wird von den Franzosen gefangengenommen und in Frankreich festgehalten

1501 Leonardo arbeitet an seinem Gemälde *Die Hl. Anna selbdritt*. Amerigo Vespucci unternimmt eine zweite Reise in die Neue Welt; aufgrund seiner Reiseberichte wird Amerika nach ihm benannt

1502 Leonardo wird von Cesare Borgia als Militäringenieur bei seinen Feldzügen in Mittel- und Oberitalien eingesetzt

1503 Auftragserteilung für die Abwicklung der *Schlacht von Anghiari*

1505 Leonardos Studien über den Vogelflug

1506 Wird von Charles d'Amboise, dem französischen Regenten der Stadt, nach Mailand eingeladen. Beginn der Bauarbeiten an der neuen Peterskirche in Rom

1507 Rückkehr nach Florenz

1508 Leonardo hält sich wieder in Mailand auf, um anatomische Studien und andere Forschungen zu betreiben

1511 Anatomische Studien zusammen mit Antonio de la Torre. Mailand erklärt Venedig und dem Papst (Julius II.) den Krieg

1512 Die Medici kehren nach Florenz zurück. Michelangelo vollendet die Sixtinischen Fresken. Die Franzosen verlieren Mailand

1513 Leonardo ist für Giuliano de Medici in Rom tätig

1515 Die Franzosen erobern Mailand zurück

1516–1517 Leonardo übersiedelt nach Frankreich und lebt auf Schloß Cloux bei Amboise

1519 2. Mai: Leonardo stirbt in Cloux und wird in der Kirche St Florentin in Amboise beigesetzt

QUELLENNACHWEIS
FÜR DIE ABBILDUNGEN

1. Links oben: Cod. Atl. fol. 276, recto-b
1. Links unten: Cod. Atl. fol. 276, recto-b
1. Oben: Mit Erlaubnis von IBM
2. Oben: Ms. B, fol. 74, verso
2. Unten: Mit Erlaubnis von IBM
3. Ms. B, fol. 75, recto
4. Ms. B, fol. 79, recto
5. Cod. Atl. fol. 327, verso-a
6. Cod. Atl. fol. 313, verso-a
7. Cod. Atl. fol. 313, recto-a
8. Ms. B, fol. 80, recto
9. Ms. B, fol. 89, recto
10. Cod. Atl. fol. 314, recto-b
11. Oben: Cod. Atl. fol. 309, verso-a
11. Rechte Seite: Mit Erlaubnis der Blacker Calmann Cooper Ltd.
12. Ms. G fol. 74, recto
13. Cod. Atl. fol. 309, verso-b
13. Cod. Atl. fol. 311, verso-a
14. Cod. Atl. fol. 308, recto-a
15. Sul Volo fol. 6 (5) recto
16. Ms. B fol. 88, verso
17. Links oben: Cod. Atl. fol. 381, verso-a
17. Rechts oben: Mit Erlaubnis von IBM
18. Rechts oben: Ms. B fol. 83, verso
18. Rechte Seite unten: Mit Erlaubnis der Radio Times Hulton Picture Library
19. Cod. Atl. fol. 381, recto-a
19. Rechts oben: Mit Erlaubnis von IBM
20. Oben: Mit Erlaubnis von IBM
20. Unten: Ms. B fol. 59, recto
20. Rechts oben: Ms. B fol. 59, recto
20. Rechts unten: Mit Erlaubnis der Radio Times Hulton Picture Library
21. Ms. B fol. 10, recto
22. Rechte Seite links oben: Cod. Atl. fol. 316 verso
22. Rechte Seite rechts oben: Ms. B fol. 59, verso
22. Rechts unten: Ms. B fol. 50, recto

23. Cod. Atl. fol. 49, verso
24. Oben: Cod. Atl. fol. 22, recto
24. Unten: Cod. Atl. fol. 16, verso
25. Cod. Atl. fol. 51, recto
26. Cod. Atl. fol. 53, verso
27. Cod. Atl. fol. 387, recto
28. Windsor 12651
29. Oben: Cod. Atl. fol. 34, recto
29. Mitte: Mit Erlaubnis der Radio Times Hulton Picture Library
29. Unten: Mit Erlaubnis von IBM
30. Cod. Arundel fol. 54, recto
31. Windsor 12647
32. Oben: Windsor 12652
32. Links: Mit Erlaubnis der Radio Times Hulton Picture Library
33. Links oben: Cod. Atl. fol. 340, recto
33. Links unten: Mit Erlaubnis von IBM
33. Oben: Mit Erlaubnis der Radio Times Hulton Picture Library
34. Links: Cod. Atl. fol. 56, verso
34. Oben: Mit Erlaubnis des Leonardo da Vinci Wissenschaftsmuseums, Mailand
35. Oben und rechts unten: Cod. Atl. fol. 9, verso
35. Links unten: Mit Erlaubnis der Radio Times Hulton Picture Library
36. Oben: Ms. B fol. 33, recto
36. Unten: Mit Erlaubnis von IBM
37. Cod. Atl. fol. 396, recto
38. Cod. Atl. fol. 2, verso
39. Links unten: Cod. Atl. fol. 359, recto
39. Rechts unten: Mit Erlaubnis von IBM
40. Ms. B fol. 47, verso
41. Oben: Cod. Atl. fol. 393, recto
41. Rechts: Mit Erlaubnis von IBM
42. Cod. Atl. fol. 381, recto
43. Ms. G fol. 70, verso
44. Cod. Atl. fol. 2, recto

VERZEICHNIS
DER ERFINDUNGEN

53. Wasserturbine
54. Getriebevorrichtung mit regulierbarer Geschwindigkeit
55. Drucklufturbine
56. Umsetzung von Hin- und Herbewegung in Rotationsbewegung
57. Kardanringaufhängung
58. Vier- und zweiflügeliges Rad
59. Ausgleichsmechanismus für Uhrfedern
60. Wärmemesser
61. Durch Luftschraube angetriebener Bratenwender
62. Archimedes-Schnecken zur Wasserhebung
63. Brunnenpumpen, Wasserräder und Archimedes-Schnecken
64. Maschinenelemente
65. Durch Tretmühle betriebene Kanalbaumaschine
66. Kanal mit Schleusen und Wehren
67. Schwimmbagger
68. Hafenbagger
69. Schiffsrümpfe
70. Schwimmflossen
71. Taucheranzug
72. Schnorchel
73. Rettungsring
74. Doppelwandige und halbtauchende Schiffe
75. Boot mit Schaufelradantrieb
76. Boot mit (kurbelgetriebenem) Schaufelradantrieb
77. Durch Tretmechanismus angetriebenes Boot
78. Bewegliche Achse für einen vierrädrigen Karren
79. Selbststeuervorrichtung für einen Karren
80. Übersetzungsgetriebe
81. Wegmesser und Schrittzähler
82. Wagen mit Eigenantrieb
83. Fahrrad

NATURSTUDIEN
84. Pflanzen: Milchstern, Hahnenfuß, Buschwindröschen und Wolfsmilch
85. Pflanzen: Färberginster und Eichenblätter
86. Zwei Skizzen eines Taschenkrebses
87. In stehendes Gewässer herabstürzendes Wasser
88. Studie über Wasserströmungen
89. Unwetter über einem Tal
90. Muskelstudien
91. Zwei Schädelstudien
92. Embryo in einer Gebärmutter
93. Der Vitruvsche Kanon menschlicher Proportionen
94. Skizze einer Hand

ARCHITEKTONISCHE ENTWÜRFE
95. Teilansicht einer Stadt
96. Plan für Straßen und Kanäle
97. Entwurf für einen Stall
98. Entwurf für eine Kirche
99. Entwürfe einer Kirche
100. Eine Doppeltreppe
101. Eine doppelläufige Wendeltreppe
102. Treppenaufgänge in einem Turm

DANK

Der Verlag möchte auch IBM seinen Dank aussprechen für die leihweise überlassenen Fotos und Modelle.